[美] 彼得森国际经济研究所 系列出版物
PETERSON INSTITUTE FOR INTERNATIONAL ECONOMICS

WHO NEEDS TO OPEN THE CAPITAL ACCOUNT

资本账户管制还是开放？

奥利维尔·吉恩 [Olivier Jeanne]
阿文德·萨布拉马尼安 [Arvind Subramanian] / 著
约翰·威廉姆森 [John Williamson]

靳明 / 译　刘占彬 / 校

中国发展出版社
CHINA DEVELOPMENT PRESS

图书在版编目（CIP）数据

资本账户：管制还是开放？/（美）吉恩，（美）萨布拉马尼安，（美）威廉姆森著；靳明译．—北京：中国发展出版社，2015.3

ISBN 978-7-80234-995-7

Ⅰ.①资… Ⅱ.①吉… ②萨… ③威… ④靳… Ⅲ.①资本流动—研究 Ⅳ.①F831.7

中国版本图书馆 CIP 数据核字（2013）第 209225 号

著作权合同登记号：图字 01－2013－1184

书　　名：资本账户：管制还是开放？
著作责任者：[美] 奥利维尔·吉恩　[美] 阿文德·萨布拉马尼安
　　　　　　[美] 约翰·威廉姆森
出 版 发 行：中国发展出版社
　　　　　　（北京市西城区百万庄大街 16 号 8 层　100037）
标 准 书 号：ISBN 978-7-80234-995-7
经　销　者：各地新华书店
印　刷　者：北京明恒达印务有限公司
开　　　本：700mm×1000mm　1/16
印　　　张：12.5
字　　　数：140 千字
版　　　次：2015 年 3 月第 1 版
印　　　次：2015 年 3 月第 1 次印刷
定　　　价：35.00 元

联 系 电 话：（010）68990630　68990692
购 书 热 线：（010）68990682　68990686
网 络 订 购：http：//zgfzcbs.tmall.com//
网 购 电 话：（010）88333349　68990639
本 社 网 址：http：//www.develpress.com.cn
电 子 邮 件：bianjibu16@vip.sohu.com

作者简介

奥利维尔·吉恩（Olivier Jeanne）

自2008年以来一直是彼得森国际经济研究所（Peterson Institute for International Economics）的资深研究员。他现为约翰·霍普金斯大学的经济学教授，并曾执教于加州大学伯克利分校（1997年）和普林斯顿大学（2005～2006年）。他是马萨诸塞州剑桥城美国国家经济研究局（NBER）的研究助理，并且是伦敦经济政策研究中心的研究员。从1998年到2008年，他在国际货币基金组织的研究部担任过数项要职。他还担任过多种杂志的编委，其中包括《国际经济学学报》（*Journal of International Economics*）和《中央银行国际学报》（*International Journal of Central Banking*）等。

阿文德·萨布拉马尼安（Arvind Subramanian）

彼得森国际经济研究所和全球发展中心（Center for Global Development）的高级研究员。他是《日蚀：在中国经济统治下的阴影中生存》（*Eclipse*: *Living in the Shadow of China's Economic Dominance*）（2011年）一书的作者。《外交政策》（*Foreign Policy*）杂志把他列为2011年全球最顶尖的100位思想家之一。他曾是国际货币基金组织研究部的主任助理，并于乌拉圭回合贸易谈判期间在关税与贸易总协定（GATT）任职（1988～1992年）。他还曾在哈佛大学肯尼迪政府管理学院（1999～2000年）和约翰·霍普金斯高级国际研究学院（2008～2010年）担任教职工作。他曾在不同程度上为印度政府提供过建议，并曾经是G-20财政部长专家组的成员之一。

约翰·威廉姆森（John Williamson）

自1981年以来一直是彼得森国际经济研究所的高级研究员。他曾经在2001年担任过联合国发展融资高级专家组（泽迪罗报告）（the Zedillo Report）的项目主任，1996~1999年休假期间在世界银行担任南亚司的首席经济学家，并分别于1978~1981年、1970~1977年、1967年、1980年、1963~1968年、1962~1963年等年份里担任过里约热内卢天主教大学、华威大学、麻省理工学院、约克大学和普林斯顿大学的经济学教授，于1972~1974年期间担任国际货币基金组织的顾问，并于1968~1970年担任过英国财政部的经济顾问。他还就国际货币及发展问题独自发表、合著、编著或合编过大量的专著，其中包括《参考价格与国际货币系统》（2007），以及《遏制“繁荣—萧条”周期：稳定新兴市场的资本流向》（2005）。

本书中所述观点均为作者的个人观点。尽管本书作为研究所董事会所签署总体项目中的一部分，但书中所述的观点并不代表研究所董事会或顾问委员会成员的观点。

雅克·J. 波拉克

(Jacques J. Polak，1914～2010年)

本书为纪念雅克·波拉克而作。他曾是尚在世的少数几位当年出席布雷顿森林会议（Bretton Woods）的人之一，还曾担任过国际货币基金组织研究总监和经济顾问。1985～2004年间，他曾是彼得森国际经济研究所咨询委员会成员之一，并为我们的出版物《国际经济视角》提供过数年的指导。他最杰出的贡献莫过于提出了“波拉克模型”（Polak Model），该模型指出，在一定条件的限制下，一个实行固定汇率制的国家最终将出现的收支赤字规模会相当于国内信贷扩张规模。这个结论后来成为了国际货币基金组织所制定项目标准的基础。雅克也许并不赞同这本书里的所有观点，但毫无疑问，他孜孜不倦的求学精神将确保他能够深刻地理解这些论点。

致谢

我们感谢丹尼·罗德里克（Dani Rodrik）和安顿·克里奈克（Anton Korinek）对金融全球化问题所做的那些独具见地的讨论，同时感谢彭邱（Kue Peng）为我们的研究所提供的那些颇有价值的帮助。

目录

序言

尽管经济学家们通常认为，一个国家可以通过融入国际经济一体化的方式来获得很多好处，但在关于国家应该在何种程度上对国际资本流动开放的问题上，学界仍没有达成一致。彼得森研究所多年来所做的研究和发行的出版物中已经表述了关于全球化所带来收益的多种观点，而这些观点并没有简单地复制同时代的流行理论。丹尼·罗德里克（Dani Rodrik）在他1997年出版的著作《全球化是否已经过度?》（*Has Globalization Gone Too Far*?）中表达了对于全球化的质疑，而当时（在东南亚金融危机之前）全社会正流行着一种观念，这种观念认为资本向发展中国家及新兴市场经济国家流动能够带来收益。最近，威廉姆·克莱因（William Cline）在其著作《金融全球化、经济增长及2007~2009年危机》（*Financial Globalization*, *Economic Growth*, *and the Crisis of* 2007－2009）（2010）中重申了金融全球化代表着新兴市场经济国家经济增长中的一个重要因素。而在当时，许多学者对金融自由化持不同的观点。

在本书中，高级研究员奥利维尔·吉恩（Olivier Jeanne）、阿文德·萨布拉马尼安（Arvind Subramanian）与约翰·威廉姆森（John Williamson）重新审视了关于发展中国家及新兴市场经济国家应当如何融入全球金融市场中的问题。经历了20年的金融市场化过程之后，各国的资本账户政策仍然是五花八门。一些新兴市场经济国家保留了完全开放的资本账户政策；其他一些国家（巴西是一个典型的代表）自经济危机之后积极尝试了以市场为基础的审慎资本管制；另外一些国家（例如中国）则对自己的资本账户实施了严格的管制。

吉恩、萨布拉马尼安和威廉姆森认为，目前缺乏足够有力的证据来证明资本账户自由化有利与否，而当前各国多样化的政策正是对这一现实的反映。利用“元回归”的方法，再加上大量的实证证据，他们指出，自由资本流动对经济发展几乎没有影响（尽管有一些证据表明，外国直接投资和股票市场自由化可能至少在短期内能够提高经济增长率）。另外，经济学家们现在能够更加深刻地理解审慎资本管制所带来的好处，而当前巴西正在使用该种类型的管制来控制资本流动的高涨—低落周期。我们应该知道，资本管制是一个技术性的问题，而不是意识形态上的问题：一些管制可能在特定的环境中是适宜的，而在另一些环境中却可能是有害的。因此，国际社会推动资产完全自由贸易也缺乏合理性——即便在长期也是如此。

这表明，吉恩、萨布拉马尼安和威廉姆森发现了当前的现状所存在的问题——当前没有任何关于规范资本账户政策的国际条约或规则。一方面，缺乏一套公认的规则意味着资本管制的政策仍然背负着某种恶名，因此在实施恰当政策的时候往往达不到最优的效果。另一方面，一些特定的资本账户政策往往会导致有害的多边效应，也会对全球经济产生负面的溢出效应，特别是那些压制国内需求或者维持经常账户盈余的政策尤其如此。而一般来说，我们维持经常账户盈余往往需要依靠储备积累与资本流入管制相结合的方式来加以实现。这些政策具有和贸易保护主义相同的经济效应，并破坏了自由贸易的全球公共品的基础。因此，吉恩、萨布拉马尼安和威廉姆森等人发现了国际社会对于一种特殊国际体制的需求——这种国际体制将会合法化对合理的资本账户政策的应用，同时也会抑制不合理资本账户政策的实施。

本书在结尾部分提出了资本账户政策国际规范的合理特征。对于商品贸易，在存在管制的情形下，吉恩、萨布拉马尼安与威廉姆森强烈支持透明的、基于价格的措施，如对一些特定类型的资本流动征收反周期税。而国际社会可以对这一税率的上限达成一致，以确保管制所带来的有害影响（如果存在的话）能够被控制在一定的范围之内。这些新的规则将会在一系列由国际货币基金组织主导制定的最佳实践国际准则中体现出来。

彼得森国际经济研究所是一家私营的非营利性机构，这家机构专门研究和探讨国际经济政策。它的宗旨在于分析研究国际经济政策领域的重要问题，并且研究开发出新的可行方法来解决这些问题。该研究所不持任何带有偏见的观点。

该研究所由慈善基金、私营企业及对此有兴趣的个人提供资助。在上一个财政年度里，该研究所大约35%的资金由美国之外的捐助方所提供。福特基金为本项研究提供了慷慨的资金支持。

研究所董事会对研究所负全责，他们不仅为该研究所的研究项目提供一般性的指导，同时也负责审批研究项目，其中包括筛选出有可能在中期（一至三年）成为重要课题的那些问题，以及那些应该由研究所来处理的问题。彼得森研究所的主任身处顾问委员会之外，与本所的员工们紧密配合，他负责某些项目的开发，并在研究所发表任何一项个人研究成果的时候进行最终的拍板。

我们希望，我们的研究成果以及我们所进行的其他一些活动能够为国际社会制定出更好的经济政策铺平道路。我们诚心邀请我们的读者各抒己见，告诉我们如何能够更好地实现我们的目标。

C. 弗莱德·伯格斯坦

主任

2012 年 3 月

前言

我们这项研究的初衷，是重温发展中国家及新兴市场经济国家应该如何通过大量参照过去的文献，或者参照自20世纪90年代以来世界各国应对国际资本流动的实践经验，以更好地融入全球金融市场的问题。

当然，其中一个十分重要的问题是：全球金融危机给发展中国家及新兴市场经济国家所带来的经验教训是什么？然而，伴随着危机的显露和大萧条的发生，我们越来越清楚地意识到这场危机正在深深地影响着金融全球化过程本身，因此我们最初的问题也不仅仅是被框定在发展中国家及新兴市场经济国家的视角之内，而是将世界体系作为一个整体来看待。

在过去20年间，金融市场的全球化进程并不是有意设计出来的。关于金融资产的自由贸易也并不是靠世界贸易组织为促进商品自由贸易所制定的那些国际法规来引导或支持的①。发展中国家和新兴市场经济国家之所以试图融入全球金融市场，部分原因是它们希望能够促进本国的经济增长，而更深层次的原因或许是为了更深刻地理解如何制定世界经济秩序，以及金融全球化如何与历史发展方向保持一致。

---

① 存在着一些例外情况，比如欧盟成员国资本流动产生的先决条件，以及一些特定类型的资本流动——例如服务业的外国直接投资——由服务和贸易总协定（GATS）来实施管制。巴格瓦提（Bhagwati，1998）强调了自由商品贸易和自由资本贸易之间的差别。

支持金融全球化的根源在于：经济发展迟早会要求一国接受资本的自由流动①。从20世纪90年代中期有关于金融全球化的学术观点来看，金融全球化系统的核心由少数国际金融中心构成，这些金融中心位于那些金融自由化程度最高（不管是从国内看还是从国外看都是如此）的国家中。在这一系统中，围绕其核心的第二个层次包括一些没有建立国际金融中心的发达国家。在第二个层次之外是新兴市场经济国家，这些新兴的市场经济体试图和核心国家采用同样的规则来吸引全世界的投资者进入它们的金融市场。在这种模式的金融全球化系统中，“先进国家俱乐部”中的会员身份会要求一个成员国接受完全自由的资本流动，而资本管制在该系统中往往会被看成是经济落后的一种遗留特征。

全球金融危机是否对该种模式的金融全球化系统形成了挑战？从某种意义上来说，金融危机的确支持了那些强调金融自由化之危害的论调，并且揭示出世界各国重新启用金融市场管制的倾向性。具体来说，经济学家们现在更深入地理解了审慎资本管制政策在应对资本流动的高涨与低落方面的潜在作用，而官方也越来越认可这种管制政策的使用②。在这种背景下，国际货币基金组织应其股东们的要求，回答了关于是否有必要建立一套全球公认的“交通规则”以对资本流动进行管理的问题（Strauss-Kahn，2011）。

与这一背景不同，本书作者的观点可以归结为以下几点：

① 这种关联并没有假定资本账户开放和经济增长之间存在着因果关系——我们在第3章中对此进行了解释，这迄今为止在数据上来说还是含糊不清的。华盛顿共识与那种过早或者错误地开放资本账户会对经济增长有害的看法是一致的，并且华盛顿共识也认为恰当的开放顺序有着十分重要的意义（Williamson，1990）。

② 审慎资本管制得到了国际货币基金组织的支持，并在G-20集团2010年首尔峰会上得到了支持。它们也是2011年度法国G-20总统任期会议的一个重要议题。

(1) 关于资本管制的问题是一个技术性的问题，而不是一个意识形态的问题：一些管制可能在特定的情况下是适宜的，但在另外一些情况下则是有害的。(2) 通过谈判达成协议以确定哪些管制适宜而哪些不适宜是十分必要的。(3) 这样的协议应当成为国际体系的基础，而这种国际体系应该合法化对适宜的管制（“好的管制”）的使用，并防止不适宜的管制（“坏的管制”）的使用。

“好的”管制和“坏的”管制之间最基本的区别在于前者纠正了自由放任状态下的一些扭曲的经济现象，而后者则造成了扭曲。前者包括应对由资本流动引起的资产价格周期性波动所采取的审慎措施①，其中还包括一些预防性措施，以防止一国出现可能对宏观经济稳定性造成危害的大额经常账户赤字，或者防止会过度弱化可贸易商品部门的币值高估。

坏的管制会以多种有害的方式来扭曲资本流动。无论是在全球金融危机开始之前还是在开始之后，最麻烦的资本账户管制都是某些国家用来有效限制其货币升值的措施，而这些措施也导致了国际贸易和资本流动的扭曲。人们对于资本账户管制扭曲实际汇率水平的作用有着广泛的认知，但对于资本账户管制政策最核心的作用却知之甚少。如同我们将在本书中讨论的那样，如果对于国际储备的积累没有辅以严格的资本流入管制政策，那么这种储备积累对于限制中长期实际货币升值的有效性就会低得多。以中国为例，中国政府造成了国内私人部门的“强制储蓄”(forced saving)，以应对经常账户存在盈余的问题，而该种政策的实施反过来又加剧了全球性的经济失衡，并且降低了世界其他地区的就业率。

本书第二个主要的结论是：在国际货币基金组织的主持下制

① 在第2章中我们将会回顾该种审慎管制措施的案例。在本书中，“审慎”或者“宏观审慎”这些概念指为减少金融不稳定的风险而采取的一系列措施。

定关于资本账户政策的最佳实践准则是有利的。

制定这一准则的第一个理由是：在一些情况下，不受约束的国家行为将会造成全面的伤害①。第二个理由是：这样一个准则将会减少与实施资本管制相关的不良名声：缺乏准则使得一些国家因不遵守某些当时的惯例而背负了恶名，而近年来这些惯例就是支持资本的自由流动。结果，那些在近期使用过资本管制的国家在实施资本管制政策的时候常常抱有歉意，而实施的结果也不是最优的。最后一个理由是：这一准则将有助于形成一系列最佳实践，各国在实施资本管制的时候可以以此为指南。

但我们也认为，那些管理资本流动的“交通规则”应该更进一步。任何一套准则，如果它仅限于促进那些恰当的资本管制行为，但却不能够有效制止那些有害的资本管制行为，则该套准则在应对资本管制所面临的最大问题方面就是失败的。任何一套最佳资本管制准则都应当详细规定哪些资本管制行为是扭曲性的，并且在现实中不应当被采用。

进一步讲，扭曲性资本管制的存在引发了一个大家广为关注的问题：我们拥有成熟的国际商品贸易多边框架，但缺乏资本交易的规则，两者之间存在着不对称性。世界贸易组织及其前身——关税和贸易总协定——制定了许多严格的规定以促进商品的自由贸易。相比之下，资本的贸易则主要由各个国家自行决定，这一点非常明显地体现在国际货币基金组织对其成员国资本账户政策缺乏管辖权上。这完全没有道理，因为就像本书所描述的那样，利用资本账户政策（包括储备的积累）可以实现与关税对进口、补贴对出口完全相同的贸易影响。因此，任何关于国际贸易的冲突

① 例如，如果所有的国家都把资本留在国内，且在最终投资模式上没有任何变化，投资者们将会失去持有多样化投资组合以降低风险所带来的收益。

都会自然而然地波及资本流动，反之亦然。[①]

对于全球经济体系来说，这种存在于商品贸易和资本贸易之间的不对称性造成的问题将会日益严重。在布雷顿森林体系下（那时资本账户管制十分流行），由于全球贸易一体化远不如今天发达，并且汇率水平也由多方进行管理，以上所述的问题并不是一个根本性的问题。当全球性贸易一体化主要涉及发达国家时，它也不是一个严重的问题，因为这些经济体同时向国际资本流动开放。最后，在大萧条之前这也不被看成是一个严峻的问题，因为在当时全球经济接近完全就业状态（尽管当时的经济增长是以巨大的收支失衡为代价的，而这种收支失衡在当时已经成为一个社会关注的焦点）。然而展望未来，一些因素——尤其是持续的全球需求赤字以及中国在世界贸易中逐渐上升的份额——将会暴露出拥有商品贸易多边规则与体系和缺乏资本贸易多边框架之间的矛盾。

一套良好的资本账户政策最佳实践准则应当包括哪些方面？这不是一个容易回答的问题："好的"和"坏的"资本管制之间的差别不是一个简单的定义所能够概括的。资本管制有很多种。资本管制涵盖了资本流入和资本流出。它们可以是行政性管制，也可以以市场为基础[②]。它们可以是审慎的——目标是降低金融

---

① 例如，我们考虑一下美国采取"反补贴干预"以应对中国积累美元储备的提案（C. Fred Bergsten, "We Can Fight Fire with Fire on the Renminbi," *Financial Times*, October 4, 2010）。这种策略受到应对贸易失衡问题的愿望所推动，但是在现实中它很难实施，甚至根本就无法实施，因为美国的法规对于美国当局可以购买的中国资产有着非常严格的管制。国际社会找不到任何条约或者法律框架来强迫中国向外国人出售更多的本国资产。

② 阿凯拉等人（Akira et al.，2000，7）将行政性（或者叫直接的）资本管制定义为"通过完全禁止、明确的数量限制或一种批准程序来限制资本交易"，而将基于市场的（或者叫间接的）资本管制定义为"采取提高其成本的办法来抑制资本运动及与其相联系的交易"。另外一个区别（相关但是不完全相同）存在于以价格为基础的管制和以数量为基础的管制之间。以价格为基础的管制以资本流动税的形式存在，并且也是以市场为基础的。如果它们以可交易配额的形式存在，我们也可以将以数量为基础的管制划归为以市场为基础的管制。判断一项管制是否基于市场的重要标准是要看其引致的价格扭曲在市场上是否可观测。

不稳定性风险——或者用于实现其他目标，如限制本国货币的升值[①]。它们可以通过反周期的方式来得到实施，以应对资本流动的高涨与低落，或者它们也可以是结构性的。本书说明了一种我们认为很重要的资本管制——以价格为基础的、审慎的且是反周期的资本流入管制——但这并不意味着所有适宜的资本管制都必须拥有这些特征。例如，一个国家可能希望通过行政性的结构化管制至少在短期内保护其脆弱的银行系统。

尝试建立起一套国际标准以区分好的管制和坏的管制尽管是一项非常艰巨的任务，但并非是不可能的，而其中的利害关系也证实了这种尝试的合理性。但最基本的原则是什么？在本书的结论部分，我们讨论了不同的选择，它们都是以不同程度的国际合作和多边主义为前提的。我们最大胆的提议可以总结如下：

①国际社会不应当促进完全自由的资本贸易——即便是在长期中——因为（就像是我们在本书中说明的那样）自由资本流动看起来并不能给长期增长带来显著的好处，而且有证据表明，实施审慎的或者其他非扭曲性的资本管制是有利的。然而，对于商品贸易，如果存在管制的话，我们会强烈支持透明的、基于价格的政策措施。我们认为，在实践中，在特定情况下确定恰当的管制水平可能很困难，并建议根据基于市场的资本管制得出的有效税率不应超过15%的水平（这个水平和近期关于最优资本流动税的文献相一致）。

②行政性（非基于市场的）管制在一些情况下可能被证明是合理的，但采取这些管制最主要的理由应当是审慎性——即促进

---

① 在一些情况下，限制货币升值的做法本身可能就具有审慎管制的动机（这在第2章中会有相关探讨）。

或者是维持金融的稳定性。国际货币基金组织应当制定一些法律体系来界定恰当的环境和措施。

③新的规则可以体现在一套由国际货币基金组织主持开发的国际最佳实践准则中。由于新的国际贸易规则框架将会同时涉及商品贸易和资本贸易，因此这一新的体系应当伴随着国际货币基金组织和世界贸易组织这两个国际性机构的合作，正如阿蒂亚·玛托（Aaditya Mattoo）和阿文德·萨布拉马尼安（Arvind Subramanian）于2008年提出的那样。

国际商品贸易和国际资本贸易之间的相互依赖性成为了支持对资本账户政策进行国际监管的基础。特别地，设置15%的税收门槛的原动力就是限制实际汇率的扭曲，从而有助于维持国际贸易所依赖的公平竞争的环境[①]。根据这种观点，我们的建议和其他用于防止汇率扭曲的政策建议是类似的。在这些其他的政策建议中，一部分以汇率水平或者经常账户收支平衡准则等变量为政策目标，但是这些准则在经济中的合理性却常常引起争议[②]。其他一些建议集中在可能引发扭曲的政策工具上（如干预外汇市场，或者我们在这里所讨论的资本账户政策），这样做存在着一些好处，可以规避那些对于合意结果进行严格定义的要求。

全球金融危机引发了多方的反应，但由危机所激发的全球合作的原动力却弱化了，而且这可能会使得达成影响深远的全球金融改革国际协议变得十分渺茫。特别地，对于那些自我感觉将会成为未来输家的国家（如中国）来说，让它们达成这样一个协议

① 在一些情况下，资本管制对实际汇率的影响和税收对资本流动的影响程度是一样的(见第2章)。

② 特别地，它们要求对给定国家恰当的储蓄和投资率做出隐含的判断。

的激励是什么？如我们最后在结论一章中讨论的那样，现在有一些可能的选择——既包括“胡萝卜”，也包括“大棒”——可以用来引导这种国际合作。以中国为例，所谓的“胡萝卜”具体体现在商品贸易领域，可以是给予中国市场经济国家的地位和相关待遇，而在资本贸易领域，则可以体现为为其主权财富基金争取更多的投资机会。而“大棒”则可以体现为出口禁运、外国资产持有量限制，或者是对那些不遵守新规则的国家的外国资产收益征税（Gagnon and Hufbauer，2011）。

本书的结构如下。第1章回顾了在全球金融危机期间资本流动剧烈波动的发展中国家和新兴市场经济国家的经历，并探讨了资本流入管制的重新兴起。这一部分内容特别强调了巴西的案例。第2章给出了实施审慎资本管制的情况，但接着又探讨了现存的管制从本质上说尚不够审慎，因而其目标是维持持久的货币币值低估。第3章重新回顾了关于资本账户自由化政策对于增长是否有着显著影响的问题，对于该问题，本章中使用了“元回归”方法，对于大量实证数据的稳健性进行了检验。第4章考察了同样的问题，但关注的方面不一样。在该章中我们集中考察了一些特定类型的资本流动（普通股、外国直接投资以及银行资本流动等），以及它们可能引发的微观经济结果。最后，我们在结尾的一章中对分析进行了总结，并且给出了我们主要的政策结论。

译者前言

1947 年 10 月 30 日是历史上一个值得纪念的日子。在这一天，包括美国在内的 23 个国家在日内瓦签署了《关税及贸易总协定》，这预示着一个新型国际组织的诞生——GATT。关税及贸易总协定于 1948 年 1 月 1 日起开始临时适用。此后，经历了多年的发展，1995 年以此为基础成立了世界贸易组织（World Trade Organization，即 WTO）。世界贸易组织的成立旨在减少世界各国之间的商品贸易壁垒，促进全球各成员国之间的贸易自由化。

经典的国际贸易理论告诉我们，在商品自由贸易的状态下，世界范围内的经济资源可以达到最优的配置效率。各国可以充分发挥自己的比较优势和资源禀赋优势，降低生产的相对成本，从而实现国与国之间的双赢局面，以最大限度地开发出自身的生产潜能；而各种不同形式的商品贸易壁垒均会给生产效率带来损失，偏离资源配置的帕累托最优状态。因此，虽然在现实中各国为了自身的特殊利益设置种种形式的商品贸易壁垒，但几十年来宏观经济学家们和世界贸易组织仍然不遗余力地推行商品贸易的自由化政策，尽可能多地消除各国之间现存的贸易管制。

经历了多年的发展和改革，商品贸易领域的国际贸易法规早已成熟和完善。自由贸易在人们的心目中已经成为了高效率的代名词。然而相对比于商品贸易，资本领域的贸易活动则显得年轻了许多，那些与资本贸易相关的国际管理规则也同样乏善可陈。在整个国际社会中，资本贸易领域的管理尚处于一种无序的状态。放眼世界各国，不仅不同国家会制定出五花八门的资本账户管理政策，并且对于何种形式的资本账户管理政策才是有益于本国乃至世界经济长期发展的，无论是在经济学界还是在现实的政策实践过程中，都存在着颇大的分歧。有的国家，譬如中国，对资本的流动实施着十分严格的管制；而另外一些国家，譬如巴西，对资本内流的限制却十分的微弱，以充分确保本国市场经济发展的顺利进行。此外，同一个国家在不同的时期也可能会实行不同方式的资本账户管理政策。例如智利在20世纪90年代中期的很长一段时间内，都强制性地规定任何携带资本进入智利境内的组织和个人都必须将其所携带资本的30%作为准备金存入智利的中央银行。而到了1998年，该项管制措施被智利的货币当局废除。同时，学术界出现了大量的相关研究文献对该项管制措施的有效性进行了批判。以上的这些，都是资本贸易领域的宏观管理尚不成熟、缺乏完善性的各种表现。

早在20世纪90年代的时候，宏观经济学家们就形成了一种共识：资本的自由化流动能够给一国长期的经济增长带来好处。因此在这段时期内，经济学界以及一些国际机构如国际货币基金组织(International Monetary Fund，也即IMF)、世界银行（World Bank）的政策实施者们都积极倡导各国实行资本账户开放政策，以促进世界经济的健康发展。

然而资本账户的无条件开放真的能给经济增长带来正向的影响作用吗?

答案是不确定的。

考虑到现实经济社会的复杂性，资本流动自由化是否能够促进一国经济的长期增长，需要以一系列的条件为前提，例如配套的经济体制改革措施、宏观经济的稳定和健康、管理良好的金融制度等等。反过来说，那么各种出于审慎目的的资本管制措施也就有了其存在的意义，有可能在一些特定情况下对于本国的经济是有好处的。

《资本账户：管制还是开放?》(《Who needs to open the capital account?》）一书的三位作者——奥利维尔·吉恩（Olivier Jeanne）、阿文德·萨布拉马尼安（Arvind Subramanian）和约翰·威廉姆森（John Williamson）均供职于彼得森国际经济研究所（Peterson Institute for International Economics），他们同时也是美国数所名牌大学的经济学教授。在本书中，他们汇集了各派经济学家对于资本账户开放及管制政策的不同见解，同时也使用实证分析的方式来研究了各国资本账户管理的相关问题，并在本书的末尾提出了相应的政策建议。

本书开篇先明确了资本流动的概念。2007 年至 2010 年期间以美国纽约股市的崩盘为先导，爆发了一场席卷世界的金融危机。这次金融危机期间如以往的历次危机一样，资本向发展中国家及新兴市场经济国家的流动出现了较大幅度的波动，2008 年末期资本的流动出现了突然的停顿。这次经济危机的事实对学术界倡导金融自由化的言论提出了挑战，这意味着，自由放任的资本账户管理政策是存在缺陷的，需要一些适当的管理机制来调节宏观经济的运行。在本书的第一章中，作者罗列、对比了多个国家在最近期的金融危机前后乃至上世纪 90 年代国际金融危机前后所制定的资本账户管理政策，并阐述了出于谨慎目的而实施的资本内流管制复兴的潮流。作者专门选取了最具代表性的巴西，对其资本管制政策的变化做了深入的探讨。之后，作者在第二章中引述了一些学者的相关研究，指出了开放经济中去杠杆化所形成的金融放大机制。这种放大机制会造成资本向发展中国家及新兴市场经济国家的流动规模、幅度的锐减，从而也会损害国家长期的经济增长。因此为对抗过度去杠杆化效应存在的情况下金融放大机制所带来的负面影响，国家有必要制定一些出于谨慎目的的资本内流管理政策。这些资本内流管制政策可以通过有针对性地征收税收的方式来实现，而最优的税率则可以通过解模型的方法来计算得出。尽管学术界存在着许多对于谨慎资本管制的质疑之声，但至少该种政策的实施在一定范围内有着积极的意义。其后的第三章中作者探讨了国家资本账户自由化的推行与该国长期经济增长之间的关系。作者引述了经济学界各派的研究成果，并使用“元回归”的方法进行了实证分析。最终分析得出的结论是，资本账户自由化与国家的长期经济增长之间并不存在稳定的正向相关性，我们并不能够确定，资本账户自由化的推行能够为国家的长期经济增长带来好处。这项研究结果因而为各国依据自身的实际情况来制定相应的资本内流管制政策提供了理论依据。接着在第四章中，作者考察了一些特殊类型资本流动的相关研究成果，并总结了某些对于熨平经济周期、促进经济增长有着相对较大贡献的资本流动类型。在本书的最后一章中，作者对国际资本流动管制的前景进行了展望，对各国实施资本流动管制提出了一些总括性的原则，并设想通过国家间合作的方式来制定出公认有效的国际准则，以确保全球经济健康、积极地发展。

最后，我想说，本书取材于经济学界最前沿的相关研究，视角十分新颖；不仅仅引述了其他经济学家对于相关问题的见解，也阐明了作者自己对于这些问题的研究结论。从内容上来说，这本书为读者带来了许多新鲜的养分，是一本不可多得的好书。它既可以作为一本科普手册，供那些对相关问题感兴趣的读者茶余饭后消遣，也可以作为一部有关资本账户开放问题的百科全书，为该领域的研究工作者提供思想上的启迪。同时，它还可以作为一册课外读物，供求知若渴的莘莘学子在课余拓展自己的眼界。

衷心希望每一位读者都能够在这本译作中摄取到自己所需的养分！

靳明
2013 年夏

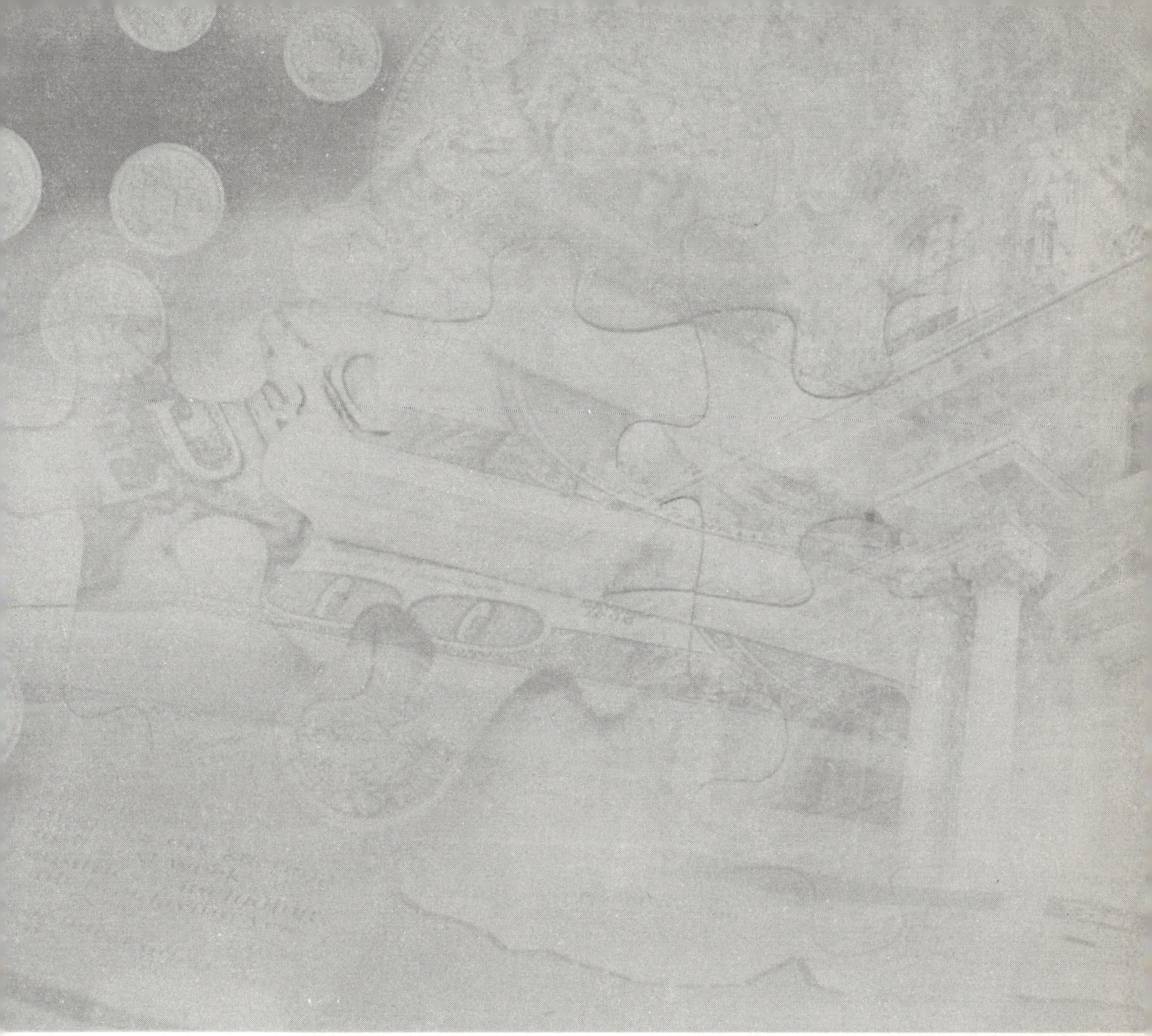

第1章

2007～2010年金融危机期间资本向发展中国家和新兴市场经济国家的流动

本章回顾了 2007 ~2010 年金融危机期间资本向发展中国家及新兴市场经济国家流动的行为（表 1.1 根据地区列出了其中所包括的所有经济体）。我们在 2008 年秋季所观察到的波动性无论是从规模还是从范围上来说都是前所未有的，然而从定性的角度来说，它与以前国际资本流动突然停止时观察到的波动并没有很大的不同。特别地，在那些较早的危机中，银行贷款和权益资本流动比其他形式的资本流动表现出更强的波动性。2007 ~2010 年危机的一个与众不同的特征是它推动了将资本管制作为资本流动审慎管理工具的更加广泛的应用，而不仅仅是一种危机管理工具。主要的案例是巴西对资本流入管制的引入，我们将在本章结尾处详细讲述这部分内容。

表 1.1　发展中国家及新兴市场经济国家（根据地区划分）

地区	国家
拉丁美洲和加勒比地区（28）	阿根廷，伯利兹，玻利维亚，巴西，智利，哥伦比亚，哥斯达黎加，多米尼克，多米尼加共和国，厄瓜多尔，萨尔瓦多，格林纳达，危地马拉，圭亚那，海地，洪都拉斯，牙买加，墨西哥，尼加拉瓜，巴拿马，巴拉圭，秘鲁，圣基茨和尼维斯，圣卢西亚，圣文森特，乌拉圭，委内瑞拉
东亚地区（17）	柬埔寨，中国，斐济，印度尼西亚，基里巴斯，老挝，马来西亚，蒙古，缅甸，巴布亚新几内亚，菲律宾，萨摩亚，所罗门群岛，泰国，汤加，瓦努阿图，越南
南亚地区（8）	阿富汗，孟加拉国，不丹，印度，马尔代夫，尼泊尔，巴基斯坦，斯里兰卡

续表

地区	国家
欧洲和中亚地区（21）	阿尔巴尼亚，亚美尼亚，阿塞拜疆，白俄罗斯，波斯尼亚和黑塞哥维那，保加利亚，格鲁吉亚，哈萨克斯坦，吉尔吉斯斯坦，拉脱维亚，立陶宛，马其顿，摩尔多瓦，波兰，罗马尼亚，俄罗斯，塞尔维亚，塔吉克斯坦，土耳其，土库曼斯坦，乌克兰
中东和北非地区（12）	阿尔及利亚，吉布提，埃及，伊朗，伊拉克，约旦，黎巴嫩，利比亚，摩洛哥，叙利亚，突尼斯，也门
撒哈拉以南非洲地区（45）	安哥拉，贝宁，博茨瓦纳，布基纳法索，布隆迪，喀麦隆，佛得角，中非共和国，乍得，科摩罗，刚果共和国，科特迪瓦，厄立特里亚，埃塞俄比亚，加蓬，冈比亚，加纳，几内亚，几内亚比绍，肯尼亚，莱索托，利比里亚，马达加斯加，马拉维，马里，毛里塔尼亚，毛里求斯，莫桑比克，纳米比亚，尼日尔，尼日利亚，卢旺达，塞内加尔，塞舌尔，塞拉利昂，索马里，南非，苏丹，斯威士兰，圣多美和普林西比，坦桑尼亚，多哥，乌干达，赞比亚和津巴布韦

注：本书第 10 页表 1.2 不包括阿富汗、不丹、越南和索马里的数据。
资料来源：国际货币基金组织。

1 资本流动的波动

图 1.1 显示了对 2007 年的第一季度和 2010 年的第三季度之间资本流入和流出发展中国家及新兴市场经济国家的度量。我们以各自占总 GDP 百分比的形式，展示了四种不同类型的资本流动：外国直接投资、银行贷款、权益资本流动（普通股和债券）以及其他除银行之外的资本流动。该图也展示了从资本流出角度考察的外汇储备积累。

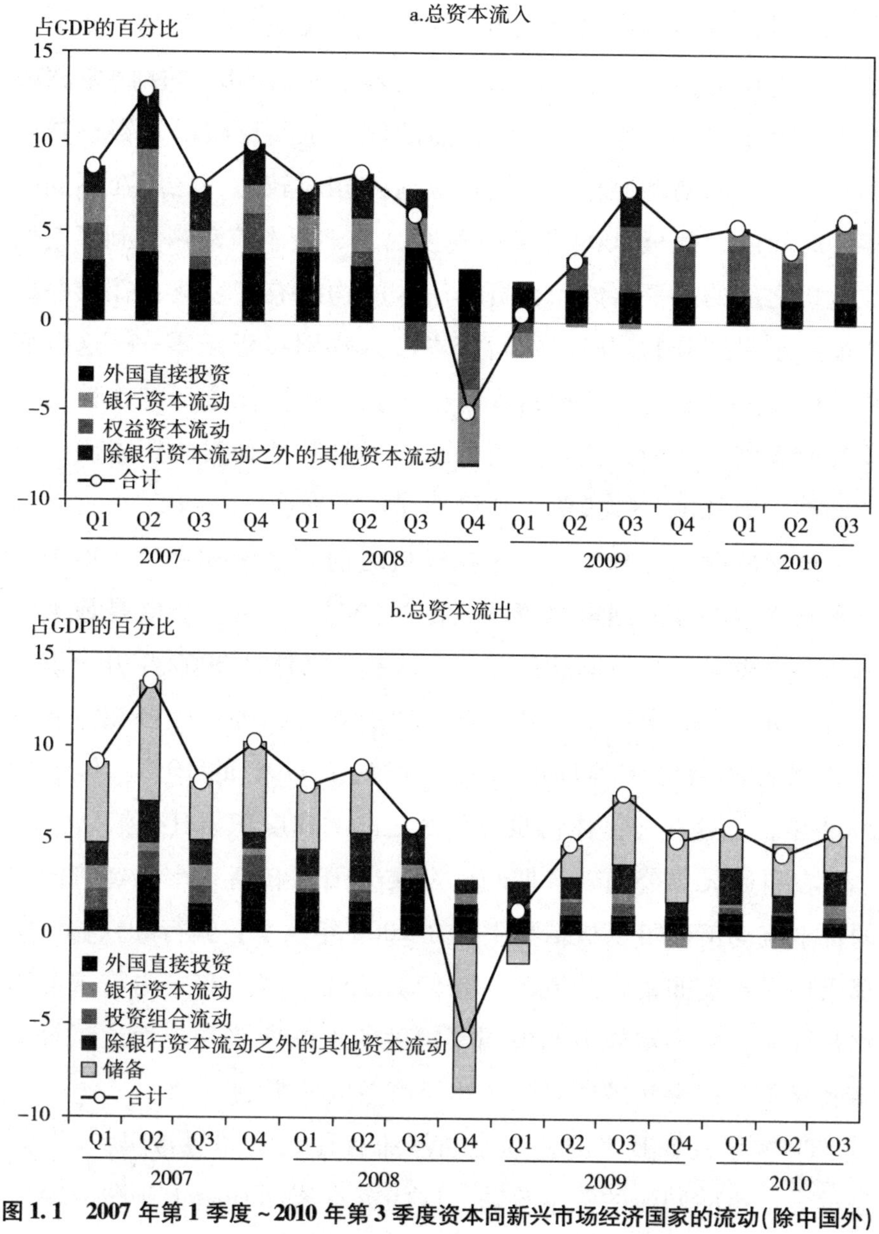

图 1.1　2007 年第 1 季度～2010 年第 3 季度资本向新兴市场经济国家的流动（除中国外）

注：包括 27 个新兴市场经济国家：阿根廷、巴西、保加利亚、智利、科特迪瓦、多米尼加共和国、厄瓜多尔、埃及、萨尔瓦多、匈牙利、印度、印度尼西亚、韩国、马来西亚、墨西哥、摩洛哥、巴基斯坦、巴拿马、秘鲁、菲律宾、俄罗斯、南非、泰国、突尼斯、土耳其、乌拉圭、委内瑞拉。中国的季度数据无法获得。

资料来源：International Monetary Fund, Balance of Payments (BOP) database.

在2008年最后一个季度里，紧随着雷曼兄弟公司的倒闭，资本流入出现了突然的停顿，总资本流入量从占GDP的约8%骤减至占GDP的约-10%[①]。这种骤然的停顿主要反映出了银行贷款和权益资本流动的逆转，且其持续时间相对较短：之后在不到一年的时间内，截至2009年第三季度为止，资本流动恢复到了它们在危机之前的水平。然而，资本流入的构成有了变化：在权益资本流动水平回升的同时，银行资本流入仍旧接近于零——这种变化可能反映了发达国家银行在雷曼兄弟公司倒闭之后持久性的风险规避态度。然而，值得注意的是，尽管其他种类的资本流入波动剧烈，但外国直接投资水平仍然保持了平稳。

该图的第二部分显示出了在危机之前、之中和之后发展中国家及新兴市场经济国家总资本流出的情况。外汇储备既是最大的一部分，也是最具波动性的部分。这些经济体从2007年开始以每年占GDP 5%的水平积累其储备，然而它们的外汇储备在雷曼兄弟公司破产后的骤停期间却几乎狂跌了GDP的10%。但截至2009年底，这些经济体再次以危机之前的速度积累其外汇储备。

在雷曼兄弟公司破产期间，发展中国家和新兴市场经济国家的资本流动情况可以概括如下：在2008年秋季，银行和权益资本都出现了规模非常大的流出，它们对于经常账户和国内需求的影响在很大程度上被外汇储备同等幅度的下跌所缓冲，而这减轻了雷曼兄弟公司突然破产对于实体经济造成的影响。

2008年突如其来的资本流动停滞有什么不同寻常吗？图1.2显示了十年前同样的资本流动。这些资本流动开始于亚洲金融危

---

① 资本流入是指总水平而不是净资本流入，因为它们不因本国居民造成的资本流出而减少（这在该图的第二部分有所显示），但它们扣除了非本国居民投资者的资产销售。负数表明在该季度之内外国投资者所出售的国内资产比他们购买的国内资产要多。

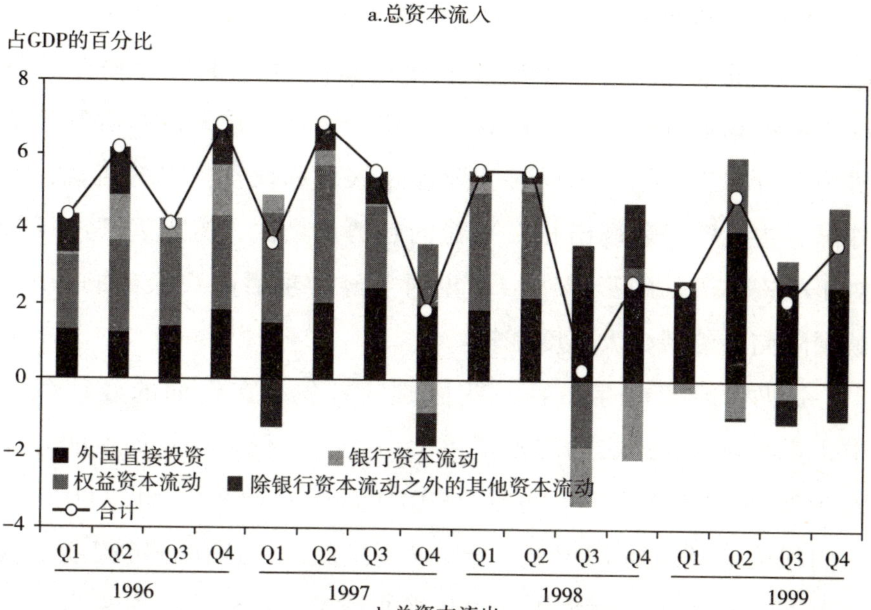

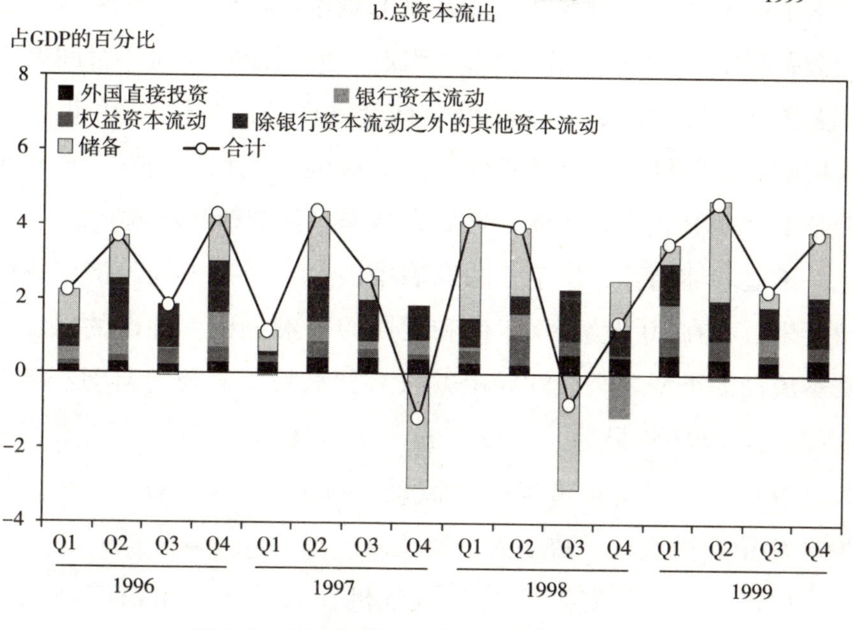

图 1.2　1996 年第 1 季度～1999 年第 4 季度
资本向新兴市场经济国家的流动（除中国外）

注：所包含的国家见图 1.1。

资料来源：International Monetary Fund, Balance of Payments (BOP) database.

机（1997～1998年），并在随后的俄罗斯经济危机（1998年）和巴西经济危机（1998～1999年）中一直持续。20世纪90年代的经济危机和最近的经济危机有一些相似之处。首先，两次经济危机中总资本流入趋势的反转主要涉及银行和权益资本的流动，而外国直接投资却表现出相对平稳的趋势。其次，流入趋势的反转对于净资本流动的影响（或者说对于经常项目账户余额的影响）被国际储备的减少大幅度减轻。

这两个时期也存在着一些区别。首先，在近期的经济危机中，资本流入和流出的规模都更大一些。银行和权益资本的总流入在2008年秋季几乎下跌到了GDP的8%，而在20世纪90年代它们却从未降低到GDP的-4%以下。然而，这在一定程度上揭示出了一个事实：2008年突如其来的资本流动停滞是由来自全球金融系统中心的一个共同冲击所引起，因而能够在同一时间席卷许多国家，而以前的危机却很少具有这样的同步性。20世纪90年代的金融危机以多米诺骨牌连锁效应的方式在外围连续地产生着影响（一开始在东南亚，之后在韩国、俄罗斯和巴西）。

不过总体而言，从单个的发展中国家及新兴市场经济国家的角度来看，在20世纪90年代和近期的金融危机中冲击的强度和资本流动的类型之间在性质上并没有什么特别显著的差别。举例来说，在1997年最后一个季度和1998年的第一季度中，银行和权益投资向亚洲新兴市场的总流动下跌到了GDP的-13%，而2008年第四季度这一数字为-16.5%。

但这并不意味着近期的金融危机在其他方面也没有新的特点——特别是发达国家之间资本流动的锐减程度是前所未有的（参见Milesi-Ferretti and Tille，2011）。最近的危机对于发达国家来说是一个转折点，但对于大多数发展中国家和新兴市场经济国家来说则不是，而且最近的危机也不像 20 世纪 90 年代的国际金融危机那样具有颠覆性。

我们在 2008 年金融危机期间所观察到的资本流动的波动模式——特别是银行资本和权益资本的波动比外国直接投资的波动更剧烈的事实——也同样与危机和非危机时期资本流动的长期行为相一致。表 1.2 列出了四种类型的资本向所有按地区分类的发展中国家流动的相关统计数据。第一栏显示的是资本向每一个地区净流动变化的标准差，其中变化是根据资本向一个地区总流动量的指数性增长进行度量的[①]。其他栏强调了银行资本流动相对于其他形式资本流动的相对稳定性。第二栏显示了平均净资本流动，如果相对于平均资本流动而言标准差较小，则它就是一个稳定性指标。然而，在很多情况下，平均净流动是负的，这表明该种类型的资本流出多于资本流入。一种判断某种特定类别资本流动稳定性的更加自然的方法是看它的标准差与平均资本流入或者流出相比是否很小，即相对于平均绝对净流动来说是否很小。

这些绝对净流动显示在第三栏中。接下来的三栏显示了某种特定形式资本流动的标准差占资本向每一地区总资本流动的标准差的份额，并分别计算了平均资本流动占向这一地区的总资本流动的比例。最后一栏包括了我们偏好的指标，即不同类型资本流动的相对波动性，它是通过用第四栏的数据除以第六栏的数据计算得到的。

① 也就是说，资本向每一个地区的总流动符合一种指数增长的趋势，根据指数增长的趋势，每一种资本流动类型（外国直接投资、组合权益、银行资本和其他类型资本）占地区性资本流入的比重因在这一时期内向该地区的总资本流入的期望值而降低。我们计算了这些序列的标准差。

表 1.2　不同种类型的资本向新兴市场经济国家流动的相对变动性，按地区分类，1970～2010 年

资本流动	计算出的标准差（对趋势的偏离）	平均净资本流动（百万美元）	净资本流动的平均绝对值（百万美元）	占标准差的比重	占平均净资本流动的份额	占净资本流动平均绝对值的份额	相对波动性
拉丁美洲和加勒比地区							
总资本流动	1.50	27525	32812	1.00	1.00	1.00	1.00
外国直接投资	0.33	26139	26171	0.22	0.95	0.80	0.27
权益资本流动	0.24	3309	5669	0.16	0.12	0.17	0.91
银行资本流动	0.62	381	5338	0.42	0.01	0.16	2.56
其他资本流动	0.97	-2062	14436	0.65	-0.07	0.44	1.47
东亚地区							
总资本流动	2.37	35452	38541	1.00	1.00	1.00	1.00
外国直接投资	0.54	38223	38223	0.23	1.08	0.99	0.23
权益资本流动	0.20	4541	5847	0.09	0.13	0.15	0.56
银行资本流动	1.24	234	10403	0.53	0.01	0.27	1.95
其他资本流动	2.15	-4207	20461	0.91	-0.12	0.53	1.71

续表

资本流动	计算出的标准差（对趋势的偏离）	平均净资本流动（百万美元）	净资本流动的平均绝对值（百万美元）	占标准差的比重	占平均净资本流动的份额	占净资本流动平均绝对值的份额	相对波动性
南亚地区							
总资本流动	0.55	15634	15634	1.00	1.00	1.00	1.00
外国直接投资	0.10	4135	4136	0.18	0.26	0.26	0.70
权益资本流动	0.39	4694	5725	0.70	0.30	0.37	1.92
银行资本流动	0.20	1353	1871	0.36	0.09	0.12	3.02
其他资本流动	0.37	6104	6830	0.66	0.39	0.44	1.51
撒哈拉以南非洲地区							
总资本流动	2.88	2406	6664	1.00	1.00	1.00	1.00
外国直接投资	1.08	5489	5522	0.38	2.28	0.83	0.45
权益资本流动	1.14	561	2146	0.40	0.23	0.32	1.23
银行资本流动	0.96	-295	1749	0.34	-0.12	0.26	1.28
其他资本流动	2.25	-3349	5626	0.78	-1.39	0.84	0.93

续表

资本流动	计算出的标准差（对趋势的偏离）	平均净资本流动（百万美元）	净资本流动的平均绝对值（百万美元）	占标准差的比重	占平均净资本流动的份额	占净资本流动平均绝对值的份额	相对波动性
欧洲和中亚地区							
总资本流动	1.97	17276	22906	1.00	1.00	1.00	1.00
外国直接投资	0.28	14858	14858	0.14	0.86	0.65	0.22
权益资本流动	0.15	1517	2584	0.08	0.09	0.11	0.67
银行资本流动	1.00	4185	10024	0.51	0.24	0.44	1.16
其他资本流动	1.28	-1562	9926	0.65	-0.09	0.43	1.50
所有地区（包括中东和北非）							
总资本流动	1.69	96031	96574	1.00	1.00	1.00	1.00
外国直接投资	0.29	86524	86540	0.17	0.90	0.90	0.19
权益资本流动	0.17	11481	16168	0.10	0.12	0.17	0.62
银行资本流动	0.74	6049	16587	0.44	0.06	0.17	2.56
其他资本流动	1.12	-8023	37153	0.66	-0.08	0.38	1.72

注：各个地区包括的国家参见表1.1。阿富汗、不丹、越南和索马里不包括在本表中。净资本流出（净资本流入的负值）被定义为资产+负债（为了简便起见，国际货币基金组织略去了表示资产和负债变化的项目）。银行资本流动取自“其他投资”子类别，它是金融账户中的一个子类别。其他资本流动被定义为其他地方未列明的（not included elsewhere）非居民金融账户减去非居民外国直接投资、非居民组合权益和非居民银行资本流动。其他资本流动包括债务、衍生品、存款、贷款和贸易信贷。

资料来源：International Monetary Fund, *International Financial Statistics* database, July 2011.

对于所有的地区来说，外国直接投资的相对波动性是最小的，其次是组合权益及其他类型的资本流动，而银行资本流动的波动性是最大的（超过外国直接投资波动性的 13 倍多）。除了可能对其他资本流动的相对波动没有强烈期望外，这些结果证实了传统理论中的大部分结论，这一顺序对于除中东和北非地区之外的大部分地区性资本流动来说都是适用的①。

对于其他的五个地区来说，这些结果也是相似的，例外的地区是南亚地区和撒哈拉以南非洲地区组合权益流动相对于其他形式的资本流动来说波动更剧烈，而欧洲和中亚地区其他形式的资本流动的波动性高于银行资本流动的波动性。然而，对于每一个地区来说，外国直接投资的波动性都显著低于其他所有类型资本流动的波动性，而对于除欧洲和中亚之外的每一个地区来说，银行资本流动的波动性都是最大的。

2 资本流入管制的复兴

发展中国家和新兴市场经济国家恢复了资本管制政策这一事实标志着近期金融危机和之前金融危机之间的另一个显著区别。20 世纪 90 年代后期差不多只具有象征意义的（同时也是最具争议性的）资本管制成为了马来西亚在 1998 年 9 月份引入的措施②。这些措施是对资本流出的控制，其主要目的是减轻马来西

① 对于中东和北非地区来说，我们并没有给出这些数据计算的结果，因为结果显示预期的资本流动几乎为零，而以零做分母会得到一个不确定的数值。

② 一大批学者，包括卡普兰和罗德里克（Kaplan and Rodrik，2002）以及约翰逊（Johnson，2007）等研究了马来西亚的资本管制。

亚的资本外逃问题，并制止林吉特（马来西亚的货币单位）的贬值。在这种情况下，资本管制被当成了一种危机管理工具。

相比之下，近期的金融危机刺激了人们将资本管制作为一种防范危机（而不仅仅是管理危机）的手段。这是从2009年末开始的，当时引入对资本流入的管制，是为了应对资本从发达国家向发展中国家及新兴市场经济国家流动的新浪潮。在这些国家中，有很多都在过去使用过这种资本管制措施，如巴西、智利和哥伦比亚就在20世纪90年代使用过，但这种政策的使用却在很大程度上不再流行①（然而，资本账户管制政策仍为一些国家所采用，它们对资本流入和资本流出都实行严格的控制）。

巴西最先实施了这种资本管制的政策，它在2009年10月对除直接投资之外的所有类型资本流入都开始征收2%的税。2010年10月，债券融资的税率上升到了6%，而这种税收也被扩展到金融衍生品（在本章的结尾部分我们更加详细地介绍了巴西的经验）。

2009年和2010年期间，其他一些新兴市场经济体也开始对资本流入实施管制。2009年11月，中国台湾地区对定期存款的流入实行了禁入的措施。2010年6月，韩国对资本流入开始实施限制。韩国中央银行实施的举措由三个部分构成：对于货币衍生品交易的限制；加强对银行外币贷款的限制；进一步强化了对本国银行外币流动比率进行管理的现有法规。韩国本国银行以及外国银行在韩国的分支机构的远期外汇和衍生品头寸被限制在其权益资本的50%以下。在同一时期，印度尼西亚也引入了类似的措施，但更加温和，其措施主要是通过安排至少持有一个月中央银

① 在马来西亚引入资本流出管制机制的同一个月中，智利正在逐渐淘汰它自身的资本流入管制体系。

行发行的本币债务工具（被称为“印尼央行债券”）来实施的。2010 年 10 月，泰国取消了对外国人在本地债券上所获收入征收 15% 税收的豁免，同样，韩国也重新开始对外国投资者从政府债券中所获收入代扣 14% 的所得税。

有一些重要的问题与此类管制的使用相关，尤其是与之相关的经济学原理和最为适宜的环境。但是，在解决这些问题之前，我们要先对巴西最近的资本管制经验进行更加详细的回顾，这会为随后的分析提供更为深入的背景知识。

3 案例研究：巴西的资本管制

如前所述，巴西于 2009 年 10 月开始对资本流入进行征税。税率最初为 1.5%，但几乎在转瞬之间就被提升到了 2%。除了直接投资之外，该项税收适用于所有类型的资本流入。这是可行的，因为雷亚尔（巴西的货币单位）在官方市场上的全部购买交易必须要首先在巴西官方进行登记，因此资本流入可以与经常账户和外国直接投资交易区分开来。由于该项税收与外国投资者持有巴西资产的时间长度不成比例，因此隐含的税率对于在很长时间内持有的长期资产以及反复滚动的短期资产来说是适中的，但对于极短期资产持有来说则很高。

对资本流入直接征税毫无疑问是资本管制的最佳形式（如 Zee，1999 以及 Williamson，2000），因为它将会抑制外国投资者在本国的投资，并激励他们长期持有他们购买的任何资产（这被认为是 20 世纪 90 年代智利资本管制的优点之一），同时也因为这种管制形式简单易行。另外，有证据表明，组合投资流入加速了经济增长的速度，但却没有类似的证据表明增加固定利息借款也能带来有益的效果。这或许是巴西当局于2010年10月将固定利息资本流入的税率提高至6%，而将组合权益投资流入的税率维持在2%的理由。

管制有效吗?

资本管制的一个缺点就是它们会给当局带来一个假象：与实际情况相比，他们有着更大的能力左右事件的发展。2010年8月的一次访问表明，巴西当局还没有受困于这一假象：他们感觉到投资者们正在接受这种税收，而不是试图规避或者躲避它，因为税率很低。在当时，SELIC利率①为10.75%，而美国联邦储备系统的贴现率约为0.2%，这使得持有短期巴西资产比持有美国资产要有利得多。正是这种超过10%的利差刺激了资本的流入，而最初2%的资本流入税只是使利差缩小到8%，而且对巴西资产的持有时间不超过一年；若是持有期超过了一年，则减小的幅度会变得更小。即便是在税率提高到6%之后，仍然存在着巨大的对内套利（inward arbitrage）动机。

巴西当局制定该项税收政策可能有两个动机：财政动机（也就是增加财政收入的动机）和汇率动机（也就是限制雷亚尔升值的动机）。那些把财政动机视为首要动机的人士指出，在巴西国会试图更改1999年以来一直征收的金融交易税的举措失败之后不久，该项税收就开始实行。不论这是否是实行资本管制的主要原因，事实证明，该项税收在增加财政收入方面相当成功：2010年8月，这一数值为GDP的0.1%。

① 特别结算与托管系统（Sistema Especial de LiquidaÇão e Custodia，SELIC）由巴西中央银行操作。SELIC利率是指巴西中央银行的隔夜拆借利率。

另一个可能的动机是限制雷亚尔日益坚挺。在该项税收实施之后不久，雷亚尔汇率的强劲升值趋势就突然中断了。从2007年初到2008年夏，在雷曼兄弟公司倒闭之前，雷亚尔从1美元兑2.13雷亚尔升值到接近1美元兑1.6雷亚尔的水平。相比之下，该项税收实施之后，直到2010年10月，雷亚尔几乎一直没有超过1美元兑1.7雷亚尔的水平。

由于每年的利息差仍然超过4%，预计资本将持续流进巴西，雷亚尔也将继续升值。然而，最新的资本账户存量理论却描绘了一幅不大相同的图景：诸如对资本流入征收或增加税收（或者在此之前，雷曼兄弟公司倒闭之后资本流动的突然停止）将会导致资本的重新布局，结果会造成汇率的一次性变化。在这种观点下，征税之前的升值是对雷曼兄弟公司倒闭所引发恐慌逐渐消失的一种自然反应，而或许汇率正在恢复到之前的水平（约为1美元兑1.6雷亚尔）。但是，征税的做法打断了这一过程，因为如前所述，征税降低了巴西资产的预期额外收益水平（也就是利息差水平），因而降低了雷亚尔的价值，这样，典型的投资者就会对巴西资产的额外收益与雷亚尔在中长期均衡中快速贬值的风险进行权衡①。

然而，2010年，雷亚尔再次升值，在10月份超过1美元兑1.6雷亚尔的水平，这促使巴西当局将债务融资的资本流入税提高到了6%。一直到2011年中期，升值才重新开始，而到2011年的秋季似乎就停了下来，不过，我们无法确定这是征收资本流入税的效果所致。

---

① 这个理论似乎与下面的观点相悖：汇率在很大程度上受到“任何汇率趋势都有可能维持下去”的预期的驱动。

逃税或避税的方法

对利用资本管制来影响汇率水平这种做法的批评者一般都会指向防止逃税或避税的问题。在2010年8月的时候，资本流入税的反对者和支持者都不认为这在巴西是一个了不起的问题，主要是因为有效税率实在是太低了。人们对潜在的合法避税方式进行了调查，但并没有人采取过此类行动。毕竟2%的税率太低了，不值得劳神去规避它。

考虑到人们普遍认为汇率在某种程度上被高估了，巴西当局从一开始就拥有实施更严格资本管制的空间（也就是征收更高的税率），就像他们后来所做的那样。阻止他们这样做的原因，可能是他们担心较高的税率会使得市场交易主体感觉到逃税或者避税是值得的，这将削弱其防止汇率上升的能力，并减少税收收入。

有一种规避管制的形式最为重要。这就是让一个外国投资者与一家巴西的金融机构达成协议，外国投资者将会获得一项巴西投资的回报，作为交换条件，他将用这些回报进行对外投资（扣除佣金），但要求这家巴西的金融机构在国内购买能够获得收益的资产或者债务，并持有一项外部资产。如果这家巴西金融机构希望避免持有扩大的敞口头寸，则它必须在外汇市场上抛售美元买入雷亚尔，这就如同外国投资者直接投资那样对外汇市场施加了同等的压力。从外国投资者的微观经济学视角来看，这项操作成为外国人购买巴西资产或债务的一个很好的替代品。

还有一些其他的方法可以规避或者逃避资本管制，这些方法都会限制资本管制在影响汇率方面的有效性。这些方法更有可能证明，在购买雷亚尔时面临较高税率的投资者更加有利可图。

第一种方法涉及经常账户交易。即便是包含严格资本管制的系统，也无法抑制提前或延迟通过外汇市场转移资金。当资本管制对资金转移产生压力时，出口商就会以更快的速度调回其资金，而进口商则会延迟付款的时间。但是，即便是贸易商与外国投资者进行交易，能够转移至国内的资金总量也是有限的，而且激励的改变只涉及资金转移的延迟。这样的延迟使得当局有时间考虑是否要调整其政策。另外，合法的市场参与者们也会有机会来谎报其交易规模。例如，出口商可能会夸大对外销售的价值，以便能够通过官方市场引进除其实际收入之外的更多的外国资本。或者，进口商可能会低报其在外国购买的成本，使得希望购买巴西资产的外国人能够弥补这一差额，之后再购买这一资产并把它转移给外国投资者。这种“漏损”的潜在规模受到当局估算特定出口或进口真实价值能力的限制，而与估算非传统产品的实际价值相比，当局估算传统商品实际价值的能力明显要高得多。

第二种避税或者逃税的方法是通过外国直接投资账户。一家在巴西有业务的跨国企业可以通过在巴西持有较大比例的流动资产结余，以便对巴西资产的高赢利性做出响应。毫无疑问，这些公司会更进一步，从有意在巴西投资的投资者手中融资，但是巴西当局采取严厉措施的潜在可能性通常会阻止此类避税行为大规模实施。外国投资者可能还会试图将其投资错误地贴上外国直接投资的标签，而他们的实际意图是购买巴西的金融资产，但当局可以通过下列方法进行还击：要求证明被描述为外国直接投资的交易最终导致了对实际资产的购买。

第三种避税或者逃税的方法是利用贸易信贷。传统上，贸易信贷不受资本管制的控制（但是，由于新兴市场正在经历过量的资本流入，因此这种做法的依据已经变得不太明确）。外国银行可以向巴西银行提供一笔私下支付（side payment，这是行贿的委婉说法），并声称正在延伸到巴西出口商的一些信贷是由这家外国银行提供的，这样便可以使得外国银行能够将这笔资金汇入巴西并用它们来购买巴西的资产。

最后一种用来避税或者逃税的方法是通过在不同的外汇市场中操作实现的。在巴西，除了官方市场之外，还同时存在着一个合法的旅游市场和一个非法的并行市场。外国游客也同样有权利在官方市场上购买雷亚尔，并且因为银行的利差较高，雷亚尔的价格在该市场中通常会打折扣。尽管这刺激了一些外国投资者利用这一旅游市场，但这样做是非法的（而且旅游市场的有限能力也使得这种做法不切实际）。与旅游市场相比，雷亚尔在非法的并行市场中的折扣更大，但是对于通过非法并行市场带入资金的外国投资者来说，其风险显然更大，因为他会无法再把资金带出去。因此，巴西这些其他的外汇市场不大可能造成显著的“漏损”。2011 年末，外汇市场的压力减轻了，巴西货币当局宣布暂停资本管制。

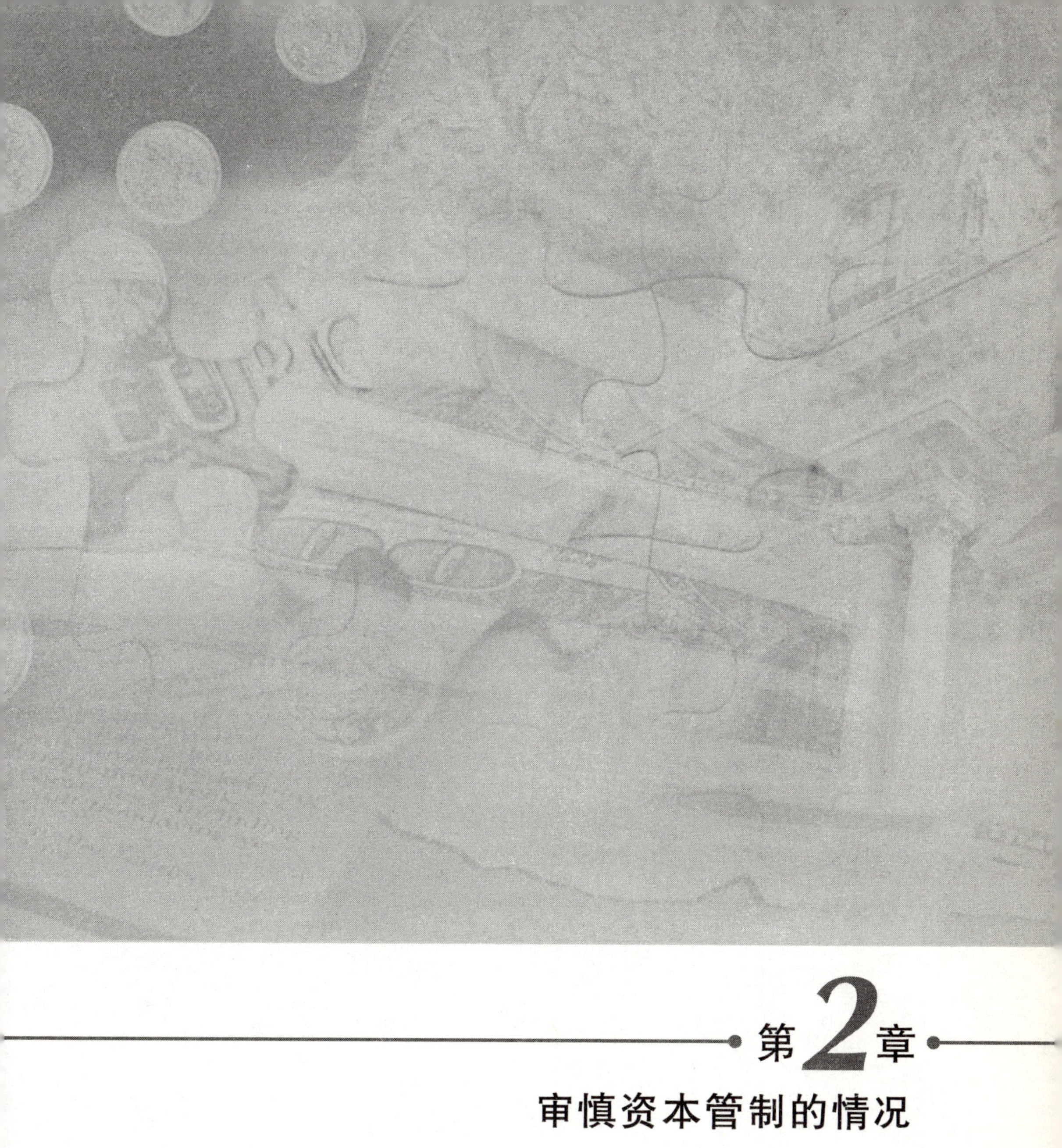

第2章 审慎资本管制的情况

金融全球化时代使得发展中国家及新兴市场经济国家经历了一连串的资本流入的高涨与低落，其中近期的金融危机只是最新的插曲。近期的危机与众不同的特征是它主要影响发达国家的金融体系，这在更大的范围内引发了对自由放任的最优性以及国内和国际金融监管范畴的质疑。从这一观点来看，近期发展中国家及新兴市场经济国家审慎资本流入管制政策的复兴可以被看成宏观审慎政策在国际范围内的等价物，这些宏观审慎政策自危机发生以来得到了支持，以应对信贷和资产价格的过度波动。

经济学家对于每一次公共干预倡议的反应，都是问一问“这样做是为了纠正何种市场失灵”的问题。在全球资本流动的问题上，这一问题通过审慎资本管制的“新理论”得到了解决，我们将在本章中讨论这一理论。要点在于，最优审慎资本管制纠正了当资本流入高涨时导致经济主体承担过高风险的扭曲。然而，就像我们在本章最后部分所指出的那样，审慎管制具有纠正性这一事实不应该在一般意义上被看成是对资本管制做法的全面支持。对于资本流入的广泛管制——例如中国所实施的那些管制政策——从审慎的意义上来说难以证明其合理性，并且看起来更像是为了维持人民币币值的持久性低估。因此，重要的是区分“纠正性管制”（纠正扭曲）和“扭曲性管制”（造成扭曲）。

1 审慎资本管制的“新理论”

近期关于资本流动高涨和低落的理论文献为我们提供了关于审慎资本管制的一些指导。这些文献从在资本流动出现大幅增加和减少时提升总体福利水平的角度，分析了资本向发展中国家和新兴市场经济国家自由流动是否合宜的问题（Korinek，2010，2011；Jeanne and Korinek，2010a，2010b）。它们准确地找出了资本流动高涨和低落所涉及的外部性，以及用以减少这些外部性的恰当的政策。

资本向发展中国家及新兴市场经济国家流动的涨落周期由很多因素所决定，包括外国投资者的风险偏好类型（有时候会受到非理性繁荣的影响）、在成熟市场上可以得到的回报，以及全球商业周期等。这些因素造成了以高涨和低落交替为特征的资本流动周期。这种周期由于我们已经强调过的机制而被放大，并在应对货币和金融危机的“第三代”方法中进行了分析[①]。资本流入的高涨往往伴随着外债的增长、本币的实际升值，以及国内资产的价格普遍上涨。这些因素相互加强，因为本国资产美元价值的上升增加了“国际上可接受的抵押品”，国内的市场主体可以据此在国外借钱。与仅仅通过贸易渠道为经济降温有所不同，实际汇率升值放大了一个国家通过外部信贷为其经济增长融资的能力。

---

① 为了简便起见，第一代用于分析货币危机的方法将危机归咎于国家宏观经济政策与固定汇率制度不一致（Krugman，1979）。第二代方法强调了投机行为自我实现的本质和“市场精神”（Obstfeld，1996）。第三代方法由20世纪90年代新兴市场经济国家的国际收支危机所催生，并让位于货币错配，更一般地说，是让位于资产负债表的脆弱性（Aghion，Bacchetta，and Banerjee，2004）。

问题在于，紧随资本流动长期高涨的通常是骤然的停滞，在这一期间，同样的放大机制以相反的方式发挥作用。资本的突然流出与货币贬值和国内资产价格下跌相关。资本流入的低落因那些为了偿还外国债权人而过度使用杠杆的国内贷款人对国内资产的抛售而放大，进一步造成了汇率下降、金融恐慌、债务危机以及破产等结果。这样，实际汇率的下跌造成了真实的破坏，这是由于资产负债表中的货币错配造成的。图 2. 1 显示了去杠杆化周期中的恶性循环（引自 Korinek，2011）。

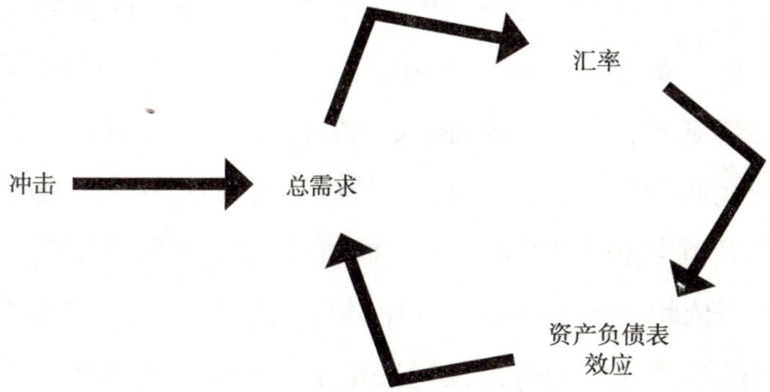

图 2. 1　开放经济中去杠杆化的外部性

图 2. 1 中所描绘出的金融放大机制揭示出向发展中国家及新兴市场经济国家的资本流动的波动是如何造成巨大损害的，以及如何造成繁荣与萧条的周期，这些周期的波动性比发达国家典型商业周期的波动性要大得多[①]。一个负面的需求冲击会造成本币的贬值，而这反过来又会对本国那些背负了外币债务的经济主体的资产负债表造成负面影响，并放大需求萎缩的幅度。这种放大机制可能会包含其他的冲击，如外国投资者对本国资产的兴趣降低。它也可能会包含其他不存在货币错配的途径。例如，奥利维

① 然而，全球金融危机表明，发达国家也会受到极端波动的影响。

尔·吉恩和安顿·科里耐克（2010a）大致描绘了资本流出如何降低作为抵押品的本国资产的价格，因此即使外部债务是利用本国货币计价的，也会对资产负债表产生负面影响。约书亚·艾森曼（Joshua Aizenman，2011）提出了一个模型，在该模型中，这种放大效应来自银行系统中的传染性。

在图2.1中显示的反馈机制不仅说明了为什么向发展中国家和新兴市场经济国家的资本流动可能会剧烈波动，而且从社会福利的角度解释了为什么它们有可能极具波动性，从而证明了纠正性公共干预的合理性。这来源于一种简单的外部性：当理性的单个市场主体（如果它们足够小的话）设计它们自己的资产负债表，以实现某种程度的风险和收益组合时，它们不会将它们对于总体系统性风险的影响内部化。市场参与者认为，出现系统性风险的概率及其规模是给定的——而且确实应该是给定的，因为系统风险并不依赖于单个市场参与主体所采取的行动。市场参与者没有考虑到的是，它们的行为共同决定了经济中金融体系的脆弱性。

从这个角度来看，金融系统的脆弱性是“外部融资的一个未被内部化的副产品，就如同空气污染是使用汽车的一个未被内部化的副产品一样”（Korinek，2011，526）。大量的资本流入利用系统性风险“污染”了新兴市场经济国家。因此，从本质上说，恰当的政策响应类似于课本里面所介绍的用于治理污染或者全球变暖问题的政策：最优的政策是征收庇古税，这样会使得个体市场参与主体把它们对于系统性风险的影响内在化，以便能够恢复分散的市场均衡的效率[①]。

① 恰当的干预并非必须用收税的手段来实现。它可以包含在发行某些特定类型的债务时的数量限制或者交易“许可证”。不论其具体的形式如何，这样的干预手段可以被看成是一种简化的对于资本流入征收的有效税收。

此类政策干预背后的原理与银行及金融部门的宏观谨慎管理政策从本质上来说是一样的。萨缪尔·汉森（Samuel Hanson）、阿尼尔·喀什亚普（Anil Kashyap）和杰瑞米·斯特恩（Jeremy Stein）（2011，3）区分了微观审慎管理政策和宏观审慎管理政策：

从概念上说，微观审慎方法中的管制是局部均衡的，其目标是避免代价高昂的单个金融机构倒闭。相比之下，宏观审慎方法则承认一般均衡效应的重要性，并且把金融系统作为一个整体来保护。

换句话说，宏观审慎方法的目标是使市场参与主体对于系统性风险的影响内部化，特别是在信贷繁荣和萧条期间出现过度的杠杆化和去杠杆化时。宏观审慎管理的本质是反周期的，因为系统性风险在信贷繁荣时期会加强，而在信贷萧条时期会减弱①。与之相类似，审慎资本管制的目标在于抑制资本流动高涨和低落周期对系统造成的不稳定性影响。在概念的层次上，审慎资本管制的情况与在本国环境下进行宏观审慎管理的情况是相同的。

这套新的理论揭示出了最优审慎资本管制系统所应具备的特点（尽管具体的最优政策细节会因理论模型的不同而不同）：

①审慎资本管制应当适用于资本流入，而不适用于资本流出，因为正是过度的资本流入造成了金融系统的脆弱性（对于资

---

① 资本充足率中的反周期性是银行业监管者在“宏观审慎”定义中强调的特性。

本流出的管制可以在金融危机中用来缓解资本外逃或者是汇率的贬值，但是这仅仅是对于危机的一种应对措施，而不是一种审慎措施)。

②不论其是否基于价格，审慎资本管制都应当根据每一种类别的资本流动对系统性风险的影响而有所不同。债务流动的实际税率应当高于权益资本流动的实际税率，短期或者外币债务流动的实际税率应当高于长期或者本币债务流动的实际税率，而对外国直接投资征收的实际税率应当为零或者接近于零，因为外国直接投资不会产生多少负面的系统性后果。

③在长期中，审慎资本管制也应当根据金融系统脆弱性的变化进行相应的调整。最优的庇古税是反周期的：在资本流动高涨的时期应当提高实际税率，而在资本流动低落或者当资本流动量很低不足以产生系统性风险时，实际税率应当降低到零。

各种不同模型的修正版本为我们揭示出了关于庇古税最优规模的一些信息。安顿·科里耐克（2010）修正了一个程式化的模型，在该模型中，资本流动的突然停滞造成了图 2. 1 所示恶性的去杠杆化循环。他根据印度尼西亚在亚洲金融危机之前和危机期间的经历对模型进行了修正，并确定了不同类型债务流动的最优税率。表 2. 1 的第二栏在大家都知道第二年会确定发生资本流动突然停滞现象的前提下，针对不同种类债务（都是一年期的）计算出了官方所应当征收的最优庇古税。第三栏给出了突然的资本流动停滞可能以 5% 的概率发生的前提下最优的税率水平。科里耐克的结论揭示出，对于系统性风险更高的债务种类应该征收更高的税率。

表2.1　　1998年印度尼西亚不同金融工具具有的外部性（%）

资产类别	12个月内有100%的概率发生资本流入骤停的最优税率	12个月内有5%的概率发生资本流入骤停的最优税率
以美元计价的债务	30.7	1.54
GDP指数美元债务	26.8	1.34
CPI指数卢比债务	14.1	0.71
以卢比计价的债务	8.9	0.44

CPI：消费物价指数。

注：最优税率水平是在给定资本内流停滞现象确定发生或者在有5%的概率水平发生的前提下所计算出的能够最大化社会福利的税率水平。

资料来源：科里耐克（Korinek，2010）。

在一个根据新兴市场经济国家进行修正后的小型开放经济体的动态模型中，贾维尔·比安奇（Javier Bianchi，2011）计算出了最优税率。他假定所有的资本流入都以一年期债务的形式出现，并以外币来计价。与科里耐克（2010）不同的是，比安奇并没有令最优税率取决于资本流入的形式，他的模型更具动态性，并得到了最优税率应该如何在长期中变化的结果。

比安奇发现，资本流动周期和最优税率之间呈现出高度的非线性关系（如图2.2所示）。对债务流入所应当征收的最优税率在外债低于GDP的26%时应当为零，因为在此情况下，该国在去杠杆化外部性的影响下并不容易受到资本流动低落的损害。如果该国处于外债占GDP的26%～32%这一易受损害的区间，那么最优税率应该大幅提高，最高可以增加到接近22%的水平。有趣的是，如果外债占GDP的比重超过了32%，那么最优税率就会停止提高。在这种情况下，降低债务水平所要求的税率提高将非常大，大到足以使该国遭遇其外债约束。在大量的资本流动高涨和低落中，平均税率接近4.5%。

里卡多·J.卡巴勒诺和圭多·洛伦佐尼（Ricardo J. Caballero

and Guido Lorenzoni，2009）考察了发展中国家及新兴市场经济国家在经济繁荣期是否应当抑制其货币升值（模型中把该问题抽象成为对本国需求的一个正向冲击）以保护出口部门的问题。在他们的模型中，如果出口部门受到财政上的约束，那么这类政策就被证明是合理的。公共干预的原理是：国家出口能力受到侵蚀意味着当繁荣结束时会出现过度的汇率超调。卡巴勒诺和洛伦佐尼特别考察了如何利用消费税来减轻这种低效率，但对资本流入征税也会起到类似的作用。

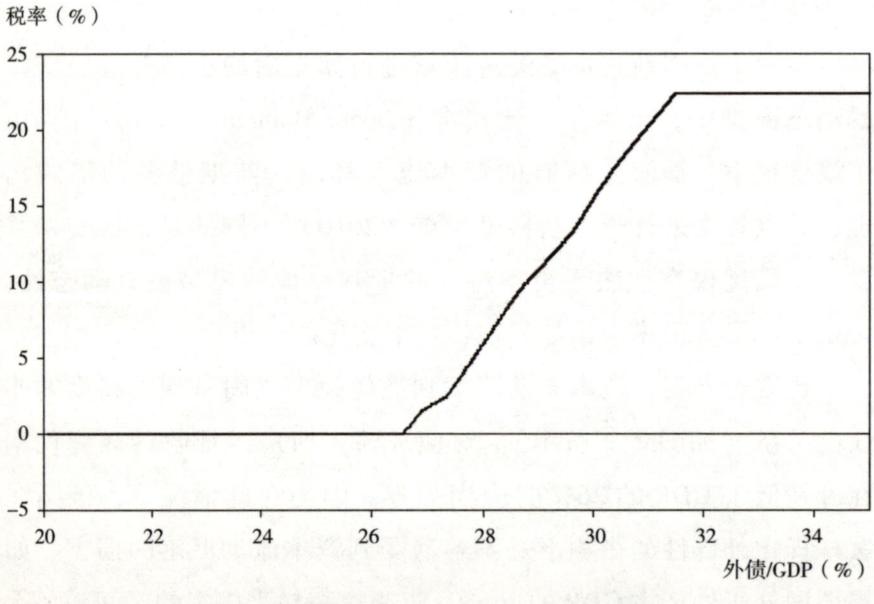

图 2.2　一年期以外币标价债务的最优税率

注：横轴的变量是债务占总 GDP 的比率。比安奇（2011）使用了外国资产占可贸易 GDP 的比率，在他的修正中，这一比率占总 GDP 的 1/3。

资料来源：比安奇（Bianchi，2011，图 3）。

我们不能完全相信这些结果，因为从几个方面来看，这三个模型的假设过度简化。尤其是，一国中的所有家庭都被假设为完全一样的——即不存在不平等——这是根据所谓的代表性市场主体假设（representative agent assumption）来做出的（这常常受到批评，被认为是现代宏观经济学模型的一个不切合实际的特征）。由于现实世界中金融危机往往会伴随着不平等的加剧，而这种不平等被认为是不合意的，因此这些模型很可能低估了最优税率。

2 对审慎资本管制的常见反对意见

对资本流入的审慎管制并不新奇，有些国家（最明显的是智利）在 20 世纪 90 年代的时候以某种方式采用过，但它们不断引发大量的反对意见：

①资本管制是无效的，因为它们经常被规避。

②对于实施管制的国家来说，资本管制往往会引发一些代价高昂的意外结果。

③应当使用其他的政策工具。

④资本管制会产生负面的多边后果，特别是因为它们阻碍了必要的全球需求的重新平衡。

我们依次考察一下这些反对意见。

反对意见 1：资本管制是无效的，因为它们经常被规避。随着金融的发展，这种规避更加容易实现。这是一个贯穿很多资本管制文献的主题。因为市场参与者会很快地找到规避管制的方法，所以这种管制便成为了管制者与规避者之间进行的一场比赛，而管制者最终会失败。

根据我们的观点，这个问题并不是管制是否被规避的问题。

规避当然会存在，因为任何形式的税收或者管制都会阻碍某种潜在的有利可图的私人活动。但是，明智的人都不会认为由于存在某种程度的逃税，就不应该征税。主要的问题并不是管制是否被规避，而是规避的程度是否会使管制无效或者成本太高。

一个相关的反对意见是，资本管制为政府官员提供了寻租的机会，催生了腐败并且损害了公共制度。同样，腐败的风险似乎也不是一个足以将资本管制排除在政策工具之外的理由。在这里，相关的问题应该是如何通过适当的治理来最小化腐败的风险。

我们没有很多的实证证据可以用来评估在资本流动周期中持续使用审慎资本管制政策的结果。最重要同时也是研究得最为彻底的一个案例，是 20 世纪 90 年代智利在无息法定准备金要求（URRs）政策中的经历。讨论这些智利资本管制的文献展示了广泛的观点和结论，我们在专栏 2.1 中进行了总结。如同我们中的一位研究员曾经在别处所说的那样（Williamson，2000），对智利资本管制的怀疑大都有些过火。总的来说，在使资本流入的构成转向更加稳固的负债结构，以及在影响总资本流入量方面，这些管制措施取得了某种程度的成功。

专栏 2.1

20 世纪 90 年代智利实施无息法定准备金要求的经验

在 20 世纪 90 年代中期的某些年份，任何携带借贷资本进入智利境内的人都必须将借贷资本金额的 30% 存入智利的中央银行，期限为一年，且这笔存款没有任何利息支付。这一无息法定准备金要求（URR）被称为“encaje”（在西班牙语中为“保险箱”的意思)。因为该项要求不取决于在智利的投资持续时间，因此与长期投资相比，短期投资的有效税率更高，故而无息法定准备金要求应该会造成债务资本流入期限的延长。

这些管制措施在 1998 年被逐步淘汰，与此同时出现的大量文献对这些政策的有效性提出了质疑，甚至持负面观点。在这些研究中，有很多认为管制措施并没有对资本流入总量产生影响，也没有提高智利的货币独立性（Edwards，1999；Gallego，Hernández，and Schmidt-Hebel，1999；and De Gregorio，Edwards，and Valdés，2000）。然而，一些研究（如 Le Fort and Lehmann，2000）发现，这些管制对总体资本流入产生了稳健的影响。另一方面，这些研究通常承认——即便是那些批评者也承认——这些管制政策在延长智利外债的到期时间方面是有效的。

正如约翰·威廉姆森（2000）所说的那样，这些文献存在的一个问题是检验管制成功与否的标准通常会被错误地指定。例如，一些学者将管制实施之后本国利率水平提高的现象解释为失败的信号（Gallego，Hernández，and Schmidt-Hebbel，1999），但这同样也可以被看成是货币政策独立性增强的一种标志。此外，尽管利率提高，但资本流入并没有增加，这一发现意味着管制对于资本流入总量具有适度的影响。最后，资本管制的影响难以进行实证检验的一个原因可能是：与围绕着资本流动总体水平和汇率的大量干扰因素相比，它们的影响很小。

智利的经验教训和从更宽泛的国家样本中获得的经验教训是一致的。尼古拉斯·马古德、卡门·雷恩哈特和肯尼斯·罗格夫（Nicolas Magud, Carmen Reinhart, and Kenneth Rogoff, 2011）评估了许多国家的经验，并进行了实证研究，最后得出结论：对资本流入的管制似乎能够使货币政策更加独立、改变资本流动的构成，并减轻对实际汇率的压力（尽管相关证据尚具争议性）。

乔纳森·D. 奥斯特里、阿提什·哥什、卡尔·哈勃米尔、马科斯·卡门、马赫瓦什·库雷希和丹尼斯·雷恩哈特（Jonathan D. Ostry, Atish Ghosh, Karl Habermeier, Marcos Chamon, Mahvash Qureshi, and Dennis Reinhardt, 2010）总结了 19 项国内和跨国研究的成果，这些研究涵盖了智利和其他一些国家，包括巴西、哥伦比亚、马来西亚和泰国。哥伦比亚像智利一样加强了管制，但是实施的时间更短，仅仅从 1993 年实施到 1998 年，而巴西从 1993 年至 1997 年期间一直对外国贷款流入进行征税。马来西亚和泰国在 20 世纪 90 年代中期也尝试了对资本流入进行管制的做法，但实施的时间相对较短。它们的样本研究至少解决了以下问题之一：(1) 资本管制减小了净资本流动的规模吗?(2) 资本管制改变了资本流动的构成吗? (3) 资本管制减轻了实际汇率压力吗?

另一方面，由奥斯特里等（2010）完成的绝大部分研究（约 4/5）表明，管制改变了资本流入的构成，特别是通过降低短期债务的份额实现的。另一方面，没有证据表明对于资本流入的管制会对资本流入的总量或汇率造成系统性的影响。大多数关于资本总净流动的研究——以及 2/3 对汇率进行的研究——发现，资本管制不会造成任何影响。这种证据的缺失反映出一个反向的因果关系问题：实施管制的那些国家是否是那些因为其他原因而饱受较大规模资本流入困扰的国家。它也同样可以反映出一个事实，即货币当局利用通过资本管制而拥有的更大的政策自主权去改变其他政策。例如，如果货币当局对利率的提升高于在没有管制时本应提升的幅度，那么资本管制对汇率的影响就很小。在这些文献中，这两种偏见的来源一直未被消除。

反对意见2：对于实施管制的国家来说，资本管制往往会引发一些代价高昂的意外结果。从某些意义上来说，这种反对意见与前一种反对意见正好相反：资本管制存在的问题并不是它们无效，而是会产生显著的负面影响。

这一观点在最近的微观经济研究（专注于在企业层面研究加强或实施资本管制对国内金融和生产部门的影响）中得以形成。关于股票市场自由化的文献（在第4章中我们会更详细地讨论这一内容）揭示出，有资格获得外国所有权的企业经历了平均资本成本的大幅下降（例如，参见Chari and Henry，2004）。相反，同样基于微观经济的事实，克里斯汀·福布斯（Kristin Forbes，2005）却认为，资本管制倾向于减少资本供给、提高融资成本、强化国内企业的资金约束。弗朗西斯科·嘉乐果、莱昂纳多·赫尔南德斯（Leonardo Hernández）（2003）和克里斯汀·福布斯（2007b）找到了证据，证明智利的“无息法定准备金要求”对规模较小的上市公司造成的影响大于对最大的企业造成的影响。米希尔·迪赛、C. 弗里茨·弗利和小詹姆斯·R. 海因斯（Mihir Desai，C. Fritz Foley，and James R. Hines Jr.，2006）发现，与不实施资本管制的国家相比，同一家跨国企业的子公司在实施资本管制的国家进行融资时，往往会面临更高的利率。

然而，从资本管制新理论的观点来看，这些结论揭示出的是资本管制恰好产生了它们的预期效果。审慎资本管制的主要目的就是限制经济繁荣时期本国企业的借款行为，因为从整个社会来看债务的积累过度了。资本管制对小企业和大企业造成的影响不同，这个事实可能只是反映出后者在规避管制方面拥有更大的能力。

与此相关的一种反对资本管制的观点是：由于代价高昂的资本外逃的威胁，它们减弱了施加于国内政策上的市场约束——它们放松了“金色的紧身衣”，正如汤姆·弗里德曼（Tom Friedman，2000）所说的那样。但是国际的证据并未表明，不受约束的资本流动事实上对国内政策施加了任何重要的约束性影响（Tytell and Wei，2004）。另外，不论是从理论上还是从实证角度看，都有充分的证据表明，与令经济暴露在国际收支失衡的危机之下相比，通过强化本国的制度能够更好地实现国内政策的可信性。

总之，我们认为，有证据表明，对于资本流入的管制可能会带来某些审慎的收益，这在某种程度上是通过将资本流入的构成转变为风险较小的债务类型而实现的。不可否认，不论从哪种意义上来说，这些证据都不够充分——对于资本流入的审慎管制并没有被足够多的国家在足够长的时间内采用，尚不足以可靠地确认或者否认它们的有效性。从这个角度来看，我们还看不出国际社会有什么理由不去鼓励（在允许的范围内）尝试将审慎资本管制作为了解该重要政策领域的方式的这一新浪潮。

反对意见3：应当使用其他的政策工具。在最近的政策讨论中，人们提出了将一些政策工具［国内宏观审慎管理、储备积累，以及货币（或者财政）政策］作为资本管制更好的替代品。

为什么要利用资本管制而不采用国内宏观审慎管理呢？毕竟，根据新的理论，金融工具应当根据它们对系统性风险的影响被征税（一种宏观审慎管理的方式），而不应该根据这些工具是由本国居民还是由非居民持有来征税。类似地，如果资本流入的大量增加导致货币升值，使得出口部门受到过度削弱，应对这一问题的最自然的工具就是为出口部门提供补贴，而不是对资本流入进行征税。那么，采用资本管制而不采用这些工具的理由是什么？对于这个问题有几个可能的答案。

第一，与本国居民相比，在危机中，如果外国投资者更倾向于将他们的钱带出该国，那么一种特定的政策工具对于系统性风险的影响实际上可能取决于居住权。对于系统性风险来说，真正重要的不是债务本身的整体到期日，而是在一场危机中有多少短期债务需要偿还（不能被延期）。由于外国投资者对危机造成的影响更大，因此在持有相同短期债权的情况下，对他们的征税额应该高于对本国居民的征税。

然而，实证证据对这一观点的支持却存在着矛盾。金宇灿和魏尚进 Woochan Kim and Shang-Jin Wei，2002）发现，在1997～1998年亚洲金融危机期间，与韩国的本国投资者相比，外国投资者并没有过多地表现出从众行为。亚历山大·D. 罗森博格和弗朗西斯·沃诺克（Alexander D. Rothenberg and Francis Warnock，2006）发现，几乎一半的净资本流动突然停滞实际上都是本地投资者资本“突然外逃”造成的。这也意味着，大约有一半的资本流动停滞主要由外国投资者引发（尽管一般来说外国投资者持有的资产远不到总资产的一半），所以审慎资本管制仍然是对付这种问题的一种恰当的工具。另外，通过在危机期间对资本外流进行管制，与国内投资者突然的资本外逃相关的负外部性就可以得到缓解[1]。

对于为什么应该利用资本管制而不是其他政策工具这一问题的第二个答案是：资本管制可能能够弥补本国宏观审慎管理政策的一些缺陷（Ostry 等，2011）。政府部门和国际机构，如巴塞尔银行监管委员会（Basel Committee on Bnking Supervision）和金融稳定委员会（Financial Stability Board），都接受了相当严格的宏观审慎管理的观点，有效限制了在银行资本充足性管理法规中将反周期因素包含在此类措施中。然而，宏观审慎管理措施背后的逻辑应当适用于经济中的所有资本流动，而不应该仅仅适用于那些以银行为中介的资本流动。这将包括家庭部门的按揭贷款，以及企业部门在股权融资和负债之间的选择。具体来说，企业经常出于自身的利益而从国外借钱，而不是通过本国银行融资。这意味着资本管制对于宏观经济的影响可能比银行监管的影响更为广泛，影响也更为深远。从这一角度来看，审慎资本管制应当被看成是开放经济中宏观审慎管理的众多工具中的一种。

将资本管制看成是国内宏观审慎管理政策众多工具之一还有另外一个原因：多样化可以提高顺从性（compliance）与有效性。如前所述，资本管制导致了规避行为，但本国的金融管制一般也会产生这种结果。因此，监管干预在金融系统中的任何一点上都不应该过度严厉。我们应当在适当的程度上采用一系列广泛的工具，以防止金融部门和实体经济部门承担过多的风险。除了其他宏观审慎工具之外，资本管制也是在特定情况下可以使用的一种工具。

审慎资本管制的另一种流行的选择是积累国际储备。中央银

[1] 毫无疑问，为了保证管制政策的效力，对资本流出的管制将会比对于资本流入的审慎管制更具约束力。

行可以在经济繁荣时期积累储备，以减轻繁荣期间本币升值的压力和萧条时期本币贬值的压力。然而，如果储备量的变动被冲销了，并且资本能够自由流动，那么额外储备对于汇率的影响也不会很大。根据教科书中的模型，当货币当局以冲销干预的数量来增加对私人投资者的本币资产供应时，汇率会通过一种投资组合效应而受到影响。然而，考虑到涉及的数量，这种政策操作不太可能会对金融一体化的经济体产生重大影响①。

本国当局也可以通过积累储备的方式来实现另一个目标：通过使它们能够以外币的形式贷出，增强本国的金融稳定性。在资本流动发生逆转时，这些储备可以贷给那些无法延长其短期外币债务的本国借款者（以金融危机之前的汇率贷出）。然而，提供这样一种金融安全网最终可能会鼓励本国的借款人在经济繁荣期间借入更多的外币债务——而且是期限较短的债务，以期在经济萧条时期优先获得流动性。因此，审慎地积累储备最终会鼓励在繁荣时期出现“坏”的资本流入——这种效果与审慎资本管制的初衷恰恰相反。冲销干预政策存在的另一个问题是它们可能会引发重大的准财政成本（而对资本流入征税会提高财政收入）。总之，对于审慎的资本流入管制来说，储备变动的冲销干预政策不见得是一种很好的替代品。

储备变动的非冲销干预——或者说是利率的变动——则完全是另外一回事。在资本流入高涨时期，恰当地设定利率所涉及的困境是众所周知的。一方面，限制国内需求和国内信用的增长要求提高利率，这同样也会提高汇率水平。另一方面，抵制货币升

① 例如，巴西中央银行在 2010 年积累的储备（570 亿美元）还不到 2010 年初 Bovespa 指数市值的 5%。这样的政策干预对于拥有封闭资本账户的国家来说更加有效，因为储备的积累会对本国的需求产生影响（在下文对中国资本账户政策的讨论中会有详尽的解释）。

值需要较低的利率水平，这会加剧需求和国内信用的扩张。因此，我们不可能利用货币政策来同时应对货币的过度升值和国内信用的过度增长——这是与资本流入激增相关的孪生问题。

货币政策和审慎资本管制之间的关系应当是互补的而不是替代的。使用资本流入管制的一个好处是它们放松了对于货币政策的外部约束，因而扩展了本国货币当局的政策操作空间。有了对资本流入的管制，在其他因素不变的条件下，利率的提高对资本流入或汇率的影响就会相对较弱。中央银行可以在资本流入高涨的时期实施一项反周期的利率政策，而不会对汇率和资本流动产生较大的副作用，因此在资本流入高涨期间可以更有效地利用货币政策进行“逆向操作”①。

出于所有这些原因，我们把审慎资本管制政策看成是应对资本流动高涨与低落循环的众多可用政策中的一种合法工具。资本管制并不是万能的，但用来实现类似目的的其他政策工具也都不是万能的。总之，资本管制和其他一些工具更应该被当成是补充而不是替代品。第一，资本管制可以被看成是宏观审慎管理的一个组成部分。第二，它们增强了储备积累或是货币政策在应对资本流入激增时的有效性。从这一种角度来看，似乎没有什么好的理由将资本管制看成是只在所有选择都被用尽时使用的最后一种工具，正如国际货币基金组织的职员在最近分析这一话题的论文中指出的那样（IMF，2011；Ostry 等，2010，2011）②。

---

① 这种货币政策可以用于实现审慎稳定目标并不意味着它必然能够实现这一目标。人们一直对利率在金融稳定中的作用存在着争论。各央行的行长所持的主导性意见是货币政策应当继续聚焦于宏观经济目标，而金融稳定性的目标应当是宏观审慎政策关注的焦点。

② 出自国际货币基金组织的论文对这一问题的观点并不一致。国际货币基金组织（2011）在强调“最终手段”方面是最坚定的，但奥斯特里等（2010，2011）的论文对于该问题的论述则更加细致，他们认识到，管制可能在资本流动避开受到监管的金融系统之前就得到了应用。

反对意见 4：资本管制会产生负面的多边后果，特别是因为它们阻碍了必要的全球需求的重新平衡。如果资本管制对于减少资本净流入和防止货币升值是有效的，那么它们也可以减少实施资本管制的那些国家的国内需求，从而减少全球的总需求。这对于世界其他地方来说成本很高，尤其是在全球总需求不足的时候，比如当前所处的萧条后的复苏时期。在全球层面上实现充分就业需要在低储蓄、高赤字的国家和高储蓄盈余的国家之间实现再需求的平衡，这会因盈余国家允许来自赤字国家更多的资本流入而得到强化。从这个角度来说，对于资本流入的管制将会对全球需求的重新平衡制造出新的障碍。

这种反对意见是有根据的，但我们并不认为它能够有力地反击我们在这里讨论的审慎资本管制。巴西对资本流入所征收的适量税收不会对实际汇率和净资本流入量产生很大的影响。在合理的假设之下，对于实际利率水平的影响不会超过税率水平——也就是说，对于资本流入所征收的 $x\%$ 的税率不会使对实际汇率的“低估”超过 $x\%$ [见本章的附录，该附录总结了吉恩（2011）的论点]。例如，尽管巴西的资本管制可能限制了巴西货币的升值，但变化的幅度（很少的几个百分点）对于全球总需求的影响可以忽略不计。

然而，这种反对意见对于那些拥有封闭资本账户的国家（如中国）来说有着十分明显的价值①。那些在全球金融危机之前和危机之后都对资本账户实行最严格管制的国家似乎并不是出于审慎的原因来使用它们。根据马丁·辛德勒（Martin Schindler，2009）开发的指标，2005 年对资本账户管制最为严格的七个国家

① 关于中国资本账户管理体制的描述，请参见 Lardy and Douglass（2011），或者 Prasad and Wei（2007）。

为安哥拉、中国、印度、俄罗斯、斯里兰卡、坦桑尼亚和突尼斯。这些国家的资本管制并没有以上所描述的审慎管制的特征，相反，它们是全面的，不以价格为基础，并且也不是反周期的。

中国的情况需要我们特别的关注，因为它可能是未来全球经济失衡的最主要原因，如图2.3所示。该图根据国际货币基金组织的“世界经济展望”（World Economic Outlook）数据库，显示了2003～2005年所有拥有盈余的国家的经常账户盈余，其中不包括石油输出国（我们把这些国家排除在外，是因为它们积累外国资产是由于它们的国家所处的环境造成的，这是众所周知的事实）。这些数据涵盖了2000～2015年的所有数据，图中最后三个数字代表了国际货币基金组织工作人员的预测。

在这一群组中，“突然停滞”的国家或者是指那些在1995～2000年间资本流入突然停滞的国家，或者是指2008年从与美联储或者其他中央银行的货币互换中获利的国家[①]。这些国家是对国际资本流动相对开放的发展中国家及新兴市场经济国家，因而是实施审慎资本管制以平滑资本流动波动性的典型候选人。该图显示了来自这些国家、中国及其他盈余国家（包括德国和日本）的盈余份额。

图2.3强调了两个引人注目的事实：第一，那些“突然停滞”的国家仅占经常账户失衡的一个很小的份额，并且这个份额还在不断降低。换句话说，有可能采取审慎资本管制措施的国家对于全球失衡的影响并不大。第二个令人惊讶的事实是中国对全球盈余的影响程度，尤其是未来的影响程度。世界经济展望数据库预测，到2015年，中国占全球盈余的份额将会达到60%以上

① 突然的停滞可以定义为金融账户下跌的幅度超过GDP的5%。突然停滞国家的名单来自Jeanne and Rancière（2011）。

（除去石油输出国）。如果资本账户政策对于全球失衡非常重要，那么中国就应当成为全球关注的焦点，而不是那些对资本流动相对开放的发展中国家及新兴市场经济国家。

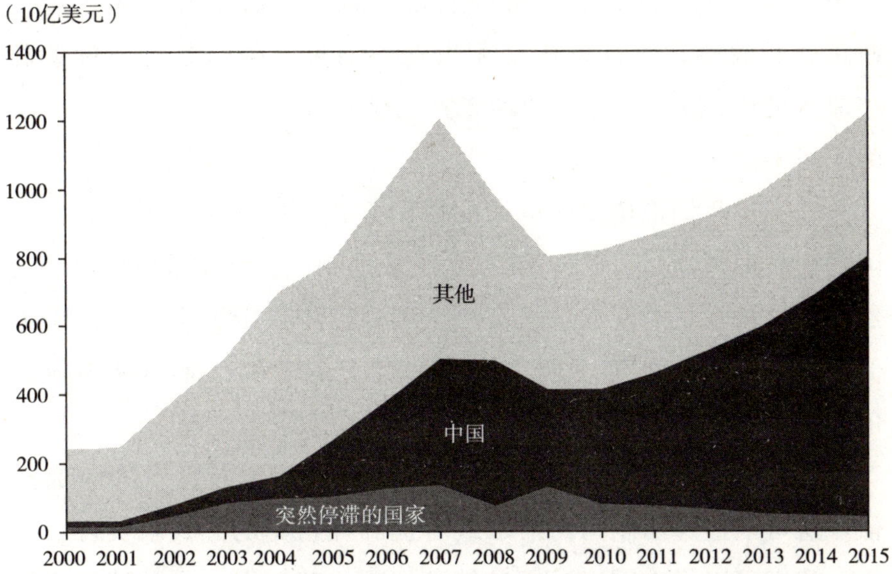

图 2.3　2000～2015 年按国家来源划分的全球经常账户盈余

注：本图显示了在 2003～2005 年间拥有盈余的所有国家的总经常账户盈余。突然停滞的国家指那些在 1995～2000 年间资本流入突然停止的国家，或者那些在 2008 年通过与美国联邦储备银行或其他中央银行进行货币互换而获利的国家。

资料来源：International Monetary Fund, *World Economic Outlook* database, October 2010.

有一种观点认为，中国的资本账户政策（从广义上说包括公共部门的外国资产积累）对于理解中国为什么拥有如此高额的经常账户盈余是至关重要的（Jeanne，2011）。考虑一个开放经济，其政府使用两种政策工具。首先，政府利用资本管制来决定资本流入总量。其次，公共部门积累了大量的外国资产。显然，调整这两种工具使得该国能够控制资本的净流动。从本质上说，对资本流入的管制防止了公共部门对外国资产的积累被资本流入私人部门所抵消。

如果该国政府控制该国资本净流动的数量，那么它也会控制经常账户余额。据此我们可以很容易看出政府同时也会控制贸易余额，也能很容易地看出实际汇率必须保持在与贸易余额一致的水平上。注意，如果政府仅依赖于一种工具，那么这一政策的有效性会大打折扣（无论是外国资产的积累还是对于资本流入的管制），而正是两种工具的结合才使得调控实际汇率成为了可能。

这不是我们论述中国政策的惯用方式。更常见的观点是：中国的中央银行通过外汇干预的方式来抵制人民币名义上的升值。然而，这种常见的观点忽视了一个要点：如果中国当局仅仅购买储备，他们可能能够抵制人民币名义上的升值，而不是实际升值，而实际升值仍然可以通过国内的通货膨胀来实现。

资本流入管制发挥作用的途径是通过防止人民币的内部升值。这可以通过压制国内需求或者提高储蓄率的方式来实现。的确，我们可以说中国当局通过其资本账户政策引入了某种形式的“强制储蓄”。理解这一点的一种方式是中国的公共部门在大量购买外国资产的同时，也在强迫国内的私人部门购买大量以人民币计价的资产（对冲债券和银行存款）。由于资本管制的缘故，这些资产不能被卖给外国投资者。用于购买这些资产的那部分国内收入不能再用于消费，因而可以看成是一种强制储蓄。

很明显，对于中国的高储蓄率还存在着其他的解释，包括社会保险不足、人口老龄化，以及金融部门不够发达等[①]。根据这些解释，在中国，必要的改革应该为“增加社会保险，强化公司治理，实行改革以增加家庭和中小企业信贷的可获得性”（Blan-

---

① 关于缺乏社会保险，请参见 Chamon and Prasad，2010。关于金融部门欠发达，请参见 Caballero，Farhi，and Gourinchas（2008），或者 Song，Storesletten，and Zilibotti（2011）。

chard and Milesi-Ferretti，2009，17）。然而，由于中国高储蓄率是由其资本账户政策造成的，因此我们关注的焦点应当是给予外国投资者们更多的机会去购买中国的金融资产，与实施其他结构性改革相比，这应该会对中国的汇率产生更快的影响。

对资本管制和实际汇率低估之间关系的讨论超出了中国的范围。图 2.4 显示出了资本流入管制的范畴［由辛德勒指数（Schindler's index，2009）来衡量］和货币价值低估［由 Simon Johnson，Jonathan Ostry，and Arvind Subramanian（2010）来衡量］

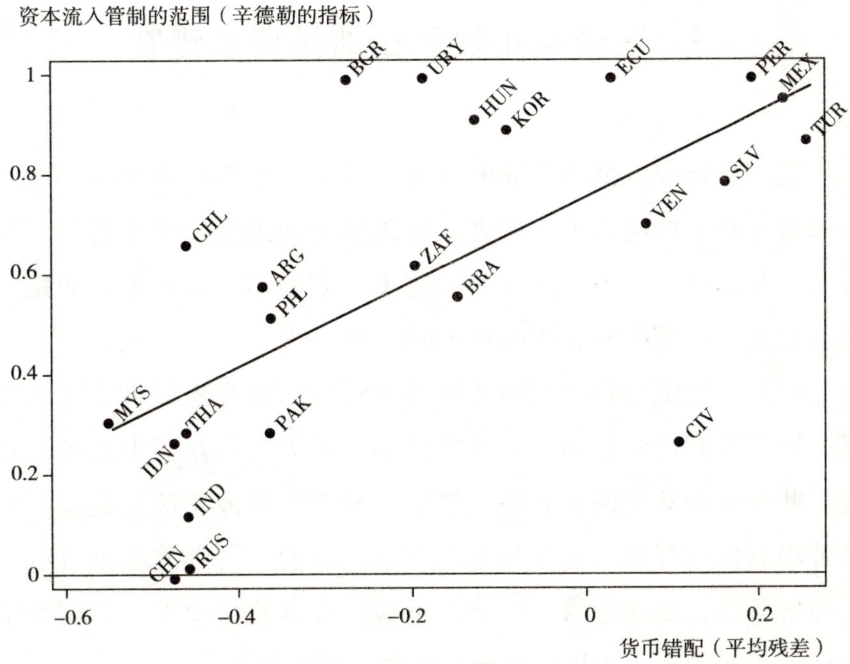

图 2.4　2000～2005 年新兴市场经济国家资本流入管制与汇率失调之间的关系

注：横轴显示币值被高估的程度（零以下表示被低估）。纵轴表示资本流动自由化的程度（较小的数字表示对于资本流入有着十分严格的管制）。这些国家的缩写见表 3A.1。

资料来源：资本内流的管制程度来自辛德勒（2009）；币值错配（低估或者高估）来自约翰逊、奥斯特里和萨布拉马尼安（2010）。

之间的关系①。该图的横轴显示了货币价值被高估的程度（负数表示币值被低估），而纵轴则显示了新兴市场经济国家资本流动自由化的一个指标（数值小表明资本流入受到严格的限制）。正相关关系表明，对资本流入实行更加严格管制的国家的货币价值更有可能被低估。这种相互关系不能够利用对资本流入的审慎管制来解释，因为在我们的分析期间（2000~2005年），没有哪个国家在实施该种管制。

3 区分纠正性和扭曲性资本管制

这一分析应该澄清下面的情况：审慎管制不应该被误解为资本管制得到了广泛认可，或者是提倡更普遍地实施资本管制。实际上，我们认为，大多数现有的资本管制并不是审慎的，而是可能会以某些有害的方式扭曲资本的流动。

将纠正性资本管制和扭曲性资本管制区分开来具有重要的意义。资本管制可以起到纠正性的作用，因为有时候资本流动会过度，此时它们就反映了非理性繁荣，或者是造成系统的脆弱，而这种脆弱性没有被市场参与者内部化。然而，资本流动也可以是对经济基础长期变化的一种合理反应。在这些情况下，我们找不到任何明确的理由来抗拒由此导致的货币升值。

---

① 约翰逊、奥斯特里和萨布拉马尼安（Johnson，Ostry，and Subramanian，2010）使用了各年度一国相对于美国价格水平的对数和该国人均 GDP 的数值进行了截面数据的回归分析。该回归分析得出了（在横截面数据中）巴拉萨—萨缪尔森（Balassa-Samuelson）效应，该效应指出，随着国家变得越来越富裕，实际汇率水平通常会升高。图 2.4 中关于低估或者高估的指标是得自该回归的平均残差，也就是在根据巴拉萨—萨缪尔森效应进行修正之后，一国实际汇率水平和预期汇率水平之间的偏差。

审慎资本管制（或者说纠正性资本管制）和扭曲性资本管制之间的差别显示在图 2.5 中，该图显示了在一个假想的新兴市场经济国家中，实际汇率在不存在管制时的行为（实线）和在存在管制时的行为（虚线）。资本净流入的行为（图中没有显示）与实际汇率所表现出来的行为十分相似。

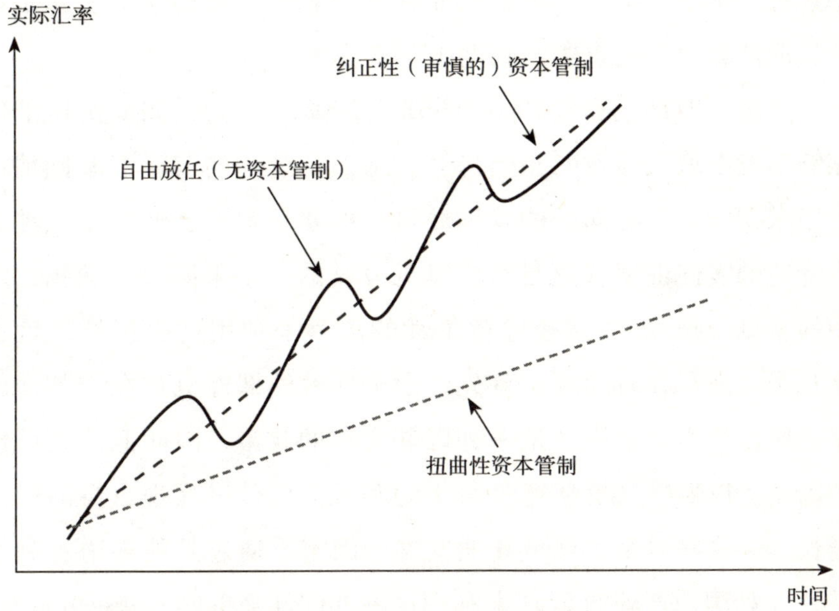

图 2.5　在纠正性资本管制和扭曲性资本管制下实际汇率的行为

注：本图纯粹是描述性的，并非基于某个定量的模型。

资料来源：作者的插图。

如图所示，审慎资本管制的目的是熨平资本流动以及实际汇率的波动，而这种波动在自由放任政策下会过于剧烈。不论是在繁荣时期还是在萧条时期，资本管制都降低了波动的幅度，但在一个正确预期的周期的发展过程中，它们不会扭曲实际汇率或资本流入的平均水平。

相比之下，扭曲性资本管制造成了均衡实际汇率和“影子”

实际汇率（定义为反事实的汇率，可以在不存在干预的情况下观察到）之间持久的差距[①]。这种差距一般来说不为零。在图2.5中，影子汇率被标示为“自由放任”。被标示为“扭曲性资本管制”的那一条线说明了抵制本币实际升值并使实际汇率和均衡影子汇率之间的差距不断增大的国家的情况。尽管观察到的实际汇率在长期中不断提高，但它只是在低于影子汇率的水平上才是如此，而两者之间的差距在长期中越来越大。

丹尼·罗德里克（Dani Rodrik，2008）认为，如果出口部门能够引发由增长导致的正外部性，那么持续性的实际汇率低估可以用来支撑出口导向型的发展政策。即便是有人能够接受这种观点背后的实证证据（这是产生意见分歧的一个来源，包括我们之中的意见分歧），尝试通过竞争性的汇率来利用这种正外部性也在几个方面存在着问题。首先，由于这种外部性也存在于其他国家，所以从本质上说这是一种以邻为壑的政策，因此低估其币值的国家会以牺牲其贸易竞争对手的利益为代价来实现自身的经济增长——这些对手主要是其他发展中国家。通过其他多边互利性工具（如国内产业政策）来利用这种外部性会更好一些（Rodrik，2010）。其次，这种方法减少了全世界的总需求。如果一国对其货币的低估程度很小，那么这些考虑也许会被暂时搁置起来，但是如果一国是全球贸易体系的一个战略性参与者，那么它们就会成为国际社会最关心的问题。

长期而持久地采取实际币值低估战略是一种自我毁灭的行

① “影子”实际汇率这个概念来自货币危机的第一代模型（Flood and Garber，1984）。在那些模型中，影子汇率指的是当中央银行允许汇率浮动时（即将外汇储备维持在一个恒定的水平下）能够观察到的汇率水平。注意，影子汇率和基本均衡汇率（FEER）不一样，它并非以经常账户平衡的准则为基础。

为，因为这样做会损害从该战略获益所要求的完全自由的贸易体系。目前的状况是：由世界贸易组织制定的国际商品贸易规则十分完善，而国际资产贸易规则却相对缺失，两者之间是不对称的。正如吉恩（2011）所述，这种不对称很难预防，因为一国可以利用对资本账户的限制来操控其实际汇率，这相当于关税和补贴结合起来产生的影响。因而，对于能够影响汇率的政策——其中资本账户政策最为重要——缺乏国际规则，可能会最终弱化国际社会对自由贸易本身的支持与共识。

附录2A 资本管制对汇率的影响

奥利维尔·吉恩（2011）使用了一个动态优化模型来分析资本流入管制对一个小型开放经济体汇率的影响。其管制方式与巴西对非居民购买国内资产征税的形式相同，与交易量的数量成比例，与持有资产的时间长度无关。该模型表明，税收可以用来降低实际汇率，但在一些看似合理的条件下，低估的程度不能够超过税率水平。这一结果是通过两种推理思路得到的（分别包括长期和短期）。我们将在下面利用一个例子来对它们进行说明，这个例子讲的是国际投资者如何评估从对一个小型开放经济体（它使用的货币是比索）进行投资而获得的美元收益。

为了考察长期影响，我们假定今天引入了资本管制，并预计在将来的某个时点（比如说10年后）放松这一管制。另一个假设（这一假设很快就会放松）是其他条件不变，具体来说就是资本管制的引入既不影响今天比索的利率收益曲线，也不影响10年后占主导地位的汇率，因此资本管制减少了10年期比索投资的美元收益，减少的数额是税收的数额。为了使这一投资的美元收益恢复到管制之前的水平，比索必须在今天贬值，贬值的数额与税收的数额相同，以保证因收税造成的收益损失能够恰好被预期的比索升值所抵消。这样，在其他条件不变的情况下，比索必须贬值，贬值的数额为税收的数额，才能使10年期比索债券产生的美元收益与以前相同。

当然，其他条件不可能不变，我们必须考虑各种做法造成的额外影响。一方面，在已经实施管制的情况下，今天比索的贬值会造成净外国资产的积累，因此在未来10年中比索应该升值。资本管制还会抑制今天的国内需求（相对于未来的需求），这应当与10年期比索债券的实际利率提高相关。这两种效应都会导致今天的比索升值，从而减轻资本管制对汇率的影响。另一方面，对于未来可能会重新引入管制的预期或许会导致比索的贬值。总之，目前我们还不清楚“第二轮”影响是否会使实际汇率对税收更加敏感或不敏感。

对于吉恩的结论“汇率的低估不能超过税率”的短期理由涉及投机性流入导致对比索突然进行重新估值的风险。比索币值被持久低估会使得对于货币升值的投机行为成为一个长期的单边赌注。这会使得这种货币容易受到投机行为的攻击，而这反过来又会导致资本的流入以及货币的重新估值（这方面的例子可以看一看1973年德国的情况）①。在资本账户封闭的情况下，对货币升值进行投机是不可能的，但是如果资本管制采取了税收的形式，那么投机者就会对参与攻击获得的潜在收益与税收的成本进行权衡。

为了考察该种渠道，吉恩（2011）假设国内当局对其所持有的外国资产设置了一个上限。如果外国资产超过了这个上限，则当局会停止对外国资产的积累，并让汇率水平“浮动”到一种非强制的水平，即使没有资本管制这一汇率水平也能维持。在这种情况下，税收的规模和由管制维系的币值低估的规模之间也存在着直接的相关性。更准确地说，币值可持续的低估数量应当与对

① 见格瑞里（1986）提出的关于投机性攻击导致货币重新估值的第一代模型。

资本流入征收的税额相等。

这种相关性源于这样一个事实：从本质上说，投机是一个循环的过程，通过这一过程，外国投资者会以被低估的汇率来购买国内货币资产，以期在成功实施攻击之后以升值后的影子汇率再次卖出这些资产。他们潜在的收益就是升值的数量，而其成本则是在购买国内货币资产时必须支付的税收。只要升值水平仍然低于税收的金额，那么外国投资者们就不会停止对升值进行投机。但是，如果预期的升值程度大于税收的金额，那么投机便成为了有利可图的单向赌博，而外国投资者们合作发起一次成功的攻击只是一个时间问题。因此，在这种情况下，国内当局可能维系的币值低估的最大值等于税率。

第3章 资本账户自由化与经济增长

如果你折磨数据的时间够久，它会招供的。

——罗纳德·科斯（2001）

在本章中，我们将会探讨一个国家长期经济增长和发展与其融入全球金融体系之间的关系。本章提出的关键问题是资本账户自由化和中长期增长之间是否存在着密切的关系，以及这种关系密切到何种程度。对这一问题的分析涉及“元回归”（meta-regression）的方法，它通过大量的实证数据衡量了结论的稳健性①。这一分析未能形成金融全球化与增长之间存在正向关系的可靠的证据，并对将追求各种形式的国际金融一体化作为一个紧迫的政策目标提出了质疑。

1 长期趋势一瞥

图3.1至图3.4绘制出了资本和金融市场全球化（这里称为“金融全球化”）与经济增长和发展之间的关系。这些图形显示出了各个国家的人均GDP（以2000年的价格按市场汇率计算的美元来表示）与两种广泛使用的金融全球化指标——每一个国家国际金融资产与负债的实际意义上的（de facto）或基于产出的（outcome-based）指标（图3.1和图3.2），以及每一个国家对金

① 表3A.1列出了分析中所涉及的所有国家（以及国家名称的缩写）。

融全球化政策立场的法律意义上的（de jure）指标，后一个指标是由丹尼斯·奎因和玛利亚·丰田（Dennis Quinn and Maria Toyoda，2008）度量的（如图3.3和图3.4所示）。

这四个图形都表明长期发展与一国的金融全球化之间存在着强烈的正相关性（收入和金融全球化程度之间的相关性分别为0.62、0.7、0.59、0.71）[①]。两个关键的问题是：第一，这种相关性保持的时间是否较短，如5年、10年、20年和40年——也就是说，在这些较短的持续期内，资本账户自由化政策是否会对增长产生影响？第二，或许是更重要的，就是这种因果关系在以下视角来看是否成立：（1）从金融全球化到长期的增长与发展来看；（2）换个角度，从金融全球化到增长的角度来看；（3）从同时影响增长和金融全球化的其他变量来看。在考察这些问题之前，我们首先要提供一些关于近期拓展金融全球化努力的背景。

2 20世纪90年代对资本账户自由化的推进

就在1997~1998年亚洲金融危机之前不久，主要的宏观经济学家之间形成了一种共识：发展中国家使其资本账户自由化的时机到了。在1997年国际货币基金组织的年度会议的一次著名演讲中，国际货币基金组织的第一副总裁斯坦利·费希尔（Stanley Fischer）论述了金融全球化的现状，并主张对国际货币基金组织的协定条款进行修正，目标是"使得国际货币基金组织能够促进

---

① 即便是关于金融全球化程度的异常值被去除之后，图3.1和图3.2中强烈的正相关关系依然成立。

资本流动的有秩序自由化”[1]。的确，对资本流动开放会带来风险，但费希尔相信，潜在的收益高于这种风险。此前不久，鲁迪格·多恩布什（Rudiger Dornbusch，1996）发表了一篇生动的且极具说服力的文章，该篇文章说明了金融交易税的有效性，但现在，他称资本管制为“一种过时的观点”。他写道：“对资本流动性问题的正确答案是不加限制。”（Dornbusch，1998，20）

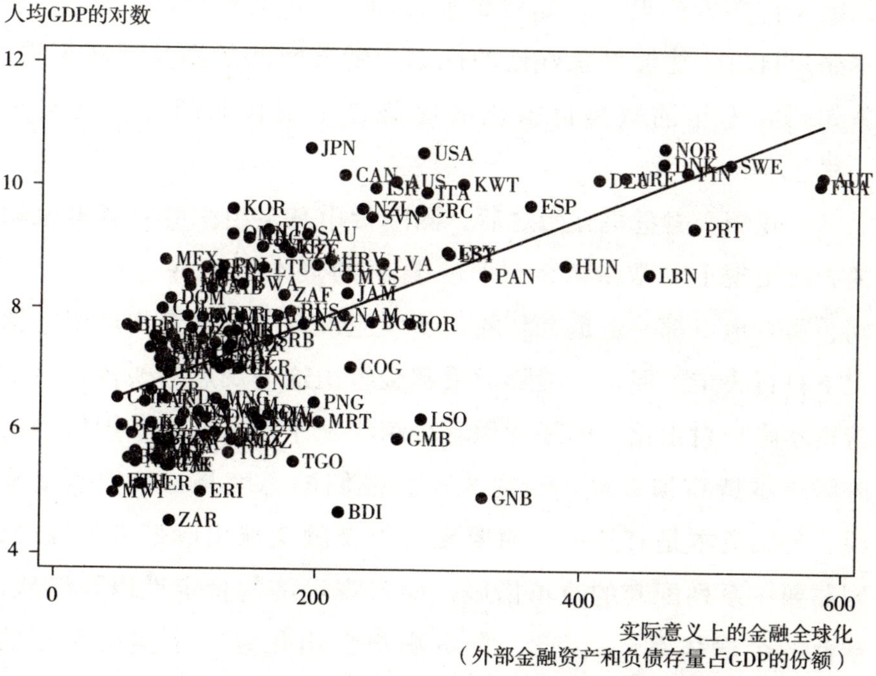

图 3.1　2007 年实际意义上的金融全球化与发展（所有国家）

资料来源：作者的计算。

在当时，没有系统的证据能够证明资本流动理论上的收益能够真的实现。我们可以看看进入国际市场能够带来的融资成

① Stanley Fischer, “Capital Account Liberalization and the Role of the IMF,” 2007 年 9 月 19 日在国际货币基金组织年会上的讲话。

本减少，或者通过从外国银行出现在国内中获得的竞争性收益——正如费希尔在国际货币基金组织年会的演讲中所说的那样——并得出结论：这些收益已经相当明显了。或者，我们可以看一看记忆犹新的1994～1995年墨西哥比索危机以及当时正在发生的亚洲金融危机，从中我们可以得出结论：潜在的成本过高。尽管如此，支持资本账户自由化的理论共识是如此之强，以至于许多人假设［正如费希尔（2003，14）所做的一样］：资本账户自由化能够带来好处的证据会随着时间的推移逐渐积累，就如同几十年前贸易自由化的优势过了很长时间才显现出来一样[①]。

在亚洲金融危机开始之后，国际货币基金组织应对资本流动的方法出现了非常微妙的转变：自由的资本账户并非在所有时间、所有地点都一定是有利的；各国应该在考虑背景和环境的情况下自行决定。但是，国际货币基金组织这一观点的要旨仍然支持资本账户自由化。国际货币基金组织从来没有认为各国应当对外国资本持审慎态度。与之相反，他们的态度是：从根本上来说，外国资本是有益的，而要想获得金融全球化所带来的好处，则需要一系列配套的改革措施，如宏观经济的稳定性以及健康、规范的金融体系[②]。因此，资本账户自由化是一个实施顺序的问题。

① 亚洲金融危机的发生迫使国际货币基金组织放弃了修订协定条款以促进资本账户自由化的努力。但是，美国仍在继续推进这些措施，并在最近的一些双边贸易协定中成功地使一些贸易伙伴（包括智利和新加坡）同意了这些措施。

② 米什金（2006）的著作表述了这一观点。

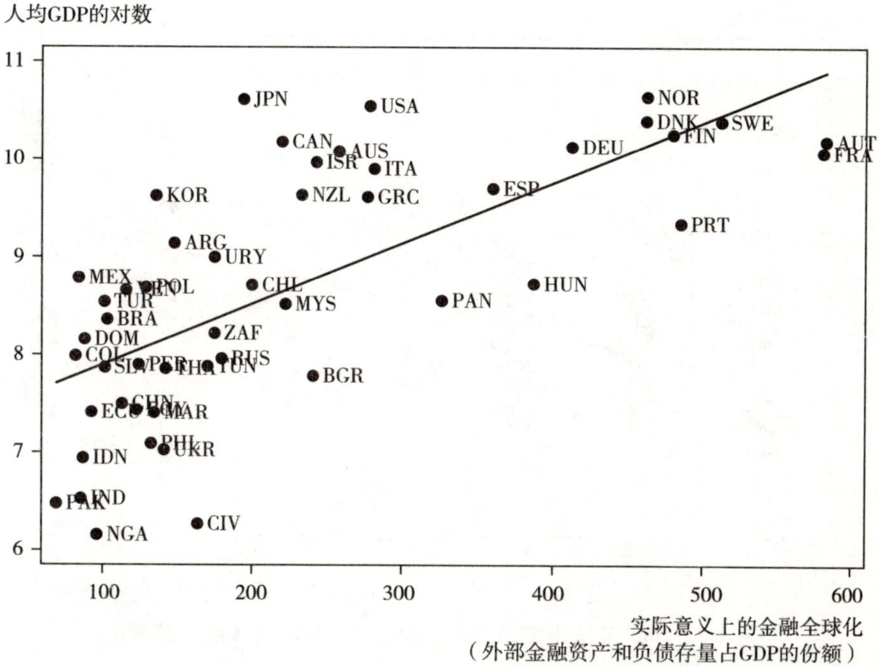

图 3.2　2007 年实际意义上的金融全球化与发展（发达国家和新兴市场经济国家）

资料来源：作者的计算。

随后，2008 年发生了全球性的金融危机，此次危机至少在短时间内对东欧的一大批国家影响尤其严重，这些国家都是大型的外国资本净输入国。图 3.5 显示了一些新兴市场经济国家和地区在危机期间的经济增长与在危机之前的私人净资本流动之间的关系（我们将在下文中更详细地讨论这种关系在更长时期内的性质）。

在 2009 年，国际货币基金组织重新评估了这一问题，并且首次对于外国资本表达了长期坚定的支持立场：“因此，出于宏观经济和审慎这两个原因，有可能存在这样的情况，在这些情况下，资本管制是应对大规模资本流入政策的合法组成部分。”（Ostry等，2010，15）。其原则如下：

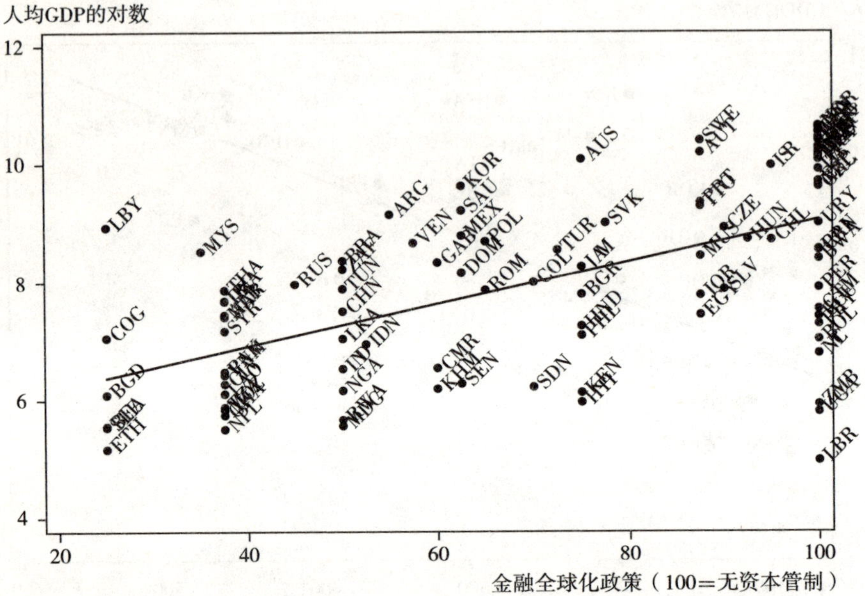

图 3.3　2007 年法律意义上的金融全球化与发展（所有国家）

资料来源：作者的计算。

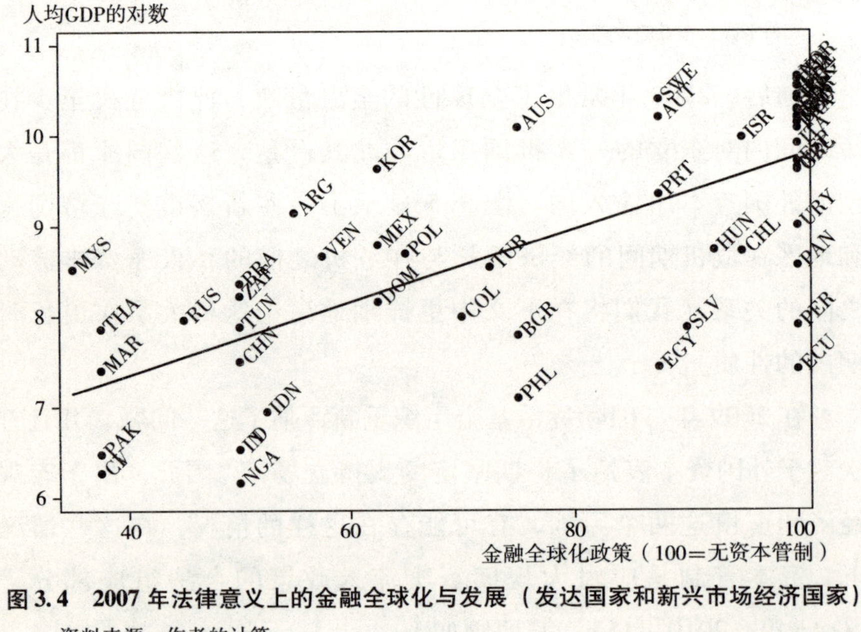

图 3.4　2007 年法律意义上的金融全球化与发展（发达国家和新兴市场经济国家）

资料来源：作者的计算。

一个关键的结论是，如果经济的运行接近其极限，如果储备水平是充足的，如果汇率没有被低估，并且如果流动是暂时的，那么将资本管制政策的使用——作为对审慎政策和宏观经济政策的补充——作为管理资本流入的政策工具箱的一部分是合理的。此外，即便是投资者们能够设计出某些对策来规避这些管制，但只要这些对策的成本高于交易的预期回报，则它们仍然是有效的：规避管制所带来的成本扮演了“车轮中的沙子”这样一种角色（Ostry 等，2010，5）。

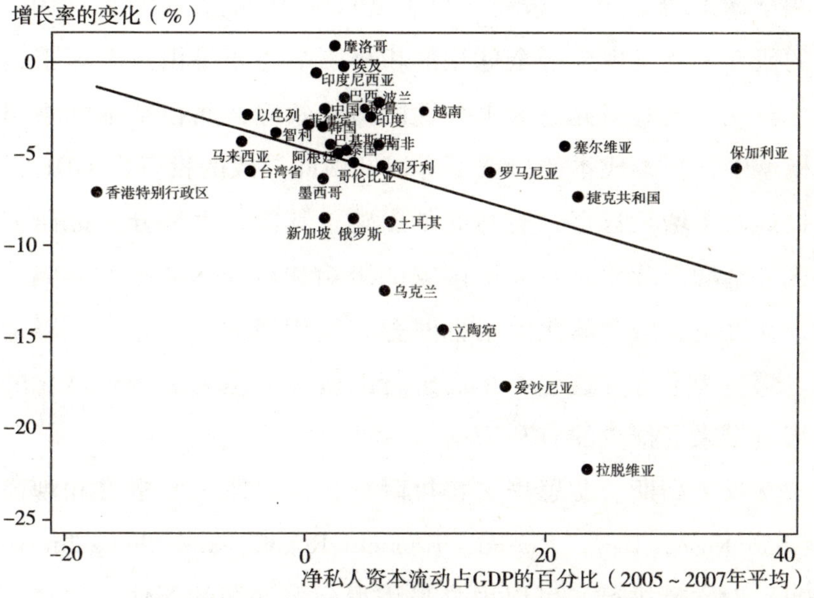

图 3.5　新兴市场经济国家 2008 年金融危机前净私人资本流动与危机期间增长率之间的关系

注：增长的变化是用 2008～2009 年平均 GDP 增长率减去 2005～2007 年平均 GDP 增长率计算出的。

资料来源：作者的计算。

因此，在政策领域中，新的传统智慧是：“在某些情况下，资本管制是资本流入管理工具箱的合法组成部分。”但是在学术领域中，尤其是关于外国资本和长期增长的问题，传统智慧又是什么呢?

3 近期的文献

在20世纪90年代后期开始的亚洲金融危机和2008年的全球金融危机发生之前的期间内，有三项学术研究特别致力于重申对金融全球化的支持[①]。彼得·亨利（Peter Henry，2007）认为，现有的研究未能发现金融全球化的积极影响主要是由三个因素造成的。首先，这些研究寻求永久性的增长效应，而在基本的索洛增长模型中，资本成本的持续下降以及由此导致的投资占GDP比率的提高对于增长只存在着暂时的影响。其次，大部分实证研究未能区分金融全球化对发展中国家的影响和对发达国家的影响。最后，在度量金融全球化的指标时存在着相当大的误差。所以他认为，那些为了弥补这些不足而进行的研究只是为金融全球化的积极影响带来了很少的有利证据[②]。

艾汉·高斯、艾思华·普拉萨德、肯尼斯·罗格夫和魏尚进（Ayhan Kose，Eswar Prasad，Kenneth Rogoff，and Shang-Jin Wei，2009）对文献进行了可以说是最详尽、最仔细的评估，并且得出结论：对于开放资本账户对增长所带来的好处，跨国证据并未给出明确的结论，并且缺乏稳健性。他们怀疑支持金融全球化的宏观证据的缺失是因为研究人员找错了地方。他们认为，金融全球

① 罗德里克和萨布拉马尼安（2009）对这三项研究分别进行了评论。

② 尽管亨利对于现有文献的批评在本质上来说是宽泛的，但他的研究集中在确立一类金融全球化所带来收益上，即对投资组合流入股票市场开放。

化造成的影响在资本成本和投资方面的表现并不十分明显，而是间接地表现为诸如宏观经济政策、金融和制度发展的“附带利益”。此外，他们还宣称存在着阀值效应，金融和制度的发展水平越高，宏观经济制度越成熟，金融全球化就越有可能产生积极的效果。正如高斯等人所承认的那样，由于证据在很大程度上是启发性的和初步的，因此这个论点仍然具有很大的猜测性。

弗雷德里克·米什金（Frederic Mishkin）在其《下一轮全球化大潮》（*The Next Great Globalization*）（2006）一书中展现了一种条理清晰、论证准确的支持金融全球化的情况。他认为，健全的金融体系是实现经济增长的必要条件：如果没有适当的金融中介，那么储蓄者就不能将他们的资源转移到投资者手中，资本也不能进行有效的配置。因此，金融全球化的潜在收益大得令人们无法拒绝。米什金的确认识到了国际金融一体化的局限性：它不够完善；国际金融市场的运行不够完美；当金融机构承担了过多的风险时，资本流动可能会导致各种各样的问题；如果做得不好，资本账户自由化可能会失败；关于审慎管制，也没有一个放之四海而皆准的政策。事实上，在他的这部著作中，大部分内容都是在论述金融全球化存在的问题，包括墨西哥金融危机（1994年）、韩国金融危机（1997 年）、阿根廷金融危机（1999 年），以及进行金融改革所遇到的困难。然而，他得出结论：对这些“并发症”做出的恰当反应不是延迟自由化进程，或者在国际金融化的道路上设置障碍，而是要确保一些必要的配套改革措施能够得到有效实施。从本质上来说，米什金向国际货币基金组织年会提交的是一份费希尔 1997 年主张的最新版本，他的新主张包括对东亚和其他一些地方的金融危机进行干预。

与这三项研究形成鲜明对比的是，其他一些研究从外国资本对增长影响的不可知论转向了一种略微负面的观点。其中两项研究引人注目，一项研究是由艾思华·普拉萨德、拉格胡拉姆·拉詹和阿文德·萨布拉马尼安（Eswar Prasad，Raghuram Rajan，and Arvind Subramanian，2007）进行的，另一项研究是由皮埃尔·奥利维尔·戈林察斯和奥利维尔·吉恩（Pierre-Olivier Gourinchas and Olivier Jeanne，2007）进行的①。这些研究为人们假设的外国资本与经济增长之间存在的互补性泼了一盆冷水：增长速度更快的国家是那些较少（而不是更多）依赖外国资本的国家；而反过来，外国资本倾向于流向那些生产率增长较低（而不是较高）的国家。

最近对于金融全球化的强烈支持来自我们彼得森国际经济研究所的同事威廉姆·克莱因（William Cline），他在《金融全球化、经济增长和2007～2009年的危机》（*Financial Globalization, Economic Growth, and the Crisis of* 2007-2009）（2010）一书中对这一问题进行了全面而深入的研究。他没有再次进行统计研究以分析金融全球化与增长之间的关系，而是进行了一次统计元分析。

从本质上来说，他选取了九项研究，并对它们的结果进行了平均（以统计上有效的方式），他得出结论：金融全球化和经济增长之间存在着明确的正向因果关系。他的定量分析表明，从金融体系封闭转型到金融体系开放会带来每年1.23%～1.99%的长期增长（人均）。这一增长高得惊人，因为在标准的索洛增长模型中，为额外国内投资进行融资的外国储蓄占GDP的份额增加1

① 另请参见Aizenman，Pinto，and Radziwill（2007）。一些早期的研究未能找出资本账户自由化对增长的显著影响，如罗德里克（1998）和艾迪森等（2002）。关于国际金融一体化的文献非常多，在此我们不能进行详细的评估，最近的评估请参见Eichengreen，Gullapalli，and Panizza（2011），或者Obstfeld（2009）。

个百分点，每年的增长率会提高大约0.2%，最多0.3%。因此，从封闭转变为开放就相当于永久性地带来了占GDP水平4%～10%额外储蓄和投资。另外，还有一些其他的附带利益，使得全要素生产率也有了等量的提高。

我们对克莱因的元分析方法有所保留。该研究除了存在着其他的不足，在选取不同的研究时也是有选择性的。在这些研究中存在着大量的规范性和统计方面的缺陷（例如，没有哪一项研究论述了金融全球化的内生性），而且研究的样本仅限于发达国家和新兴市场经济国家。

4 "元回归"方法

不同于"新瓶装旧酒"，我们在试图评估当前的文献时保留了克莱因"元分析"（2010）中的一些要素，而没有像泽维尔·萨拉—伊—马丁（Xavier Sala-i-Martin，1997）那样进行200万次回归。

我们确定了现有研究存在差异的七种基本方式，然后分析了在当前关于金融全球化与增长间关系的研究中这七种差异来源的所有组合的结果。

对金融全球化的度量

当前的研究使用了各种替代的方式来考察金融全球化。首先，有一些法律意义上的指标，它们体现了政府的政策对金融全球化的态度。通常，我们可以在国际货币基金组织《汇兑安排和汇兑限制年报》（*Annual Report on Exchange Arrangements and Ex-*

change Restrictions，AREAER）数据库中找到这些政策。这些政策被以不同的方式进行组合，以创造出一个度量金融全球化的指标或指数。我们使用了三种应用广泛的法律意义上的指标（de jure measures），这些指标来自于陈庚辛和伊藤大雄（Menzie Chinn and Hiro Ito，2008）、丹尼斯·奎因和玛利亚·丰田（Dennis Quinn and Maria Toyoda，2008），以及阿普杜勒·阿比亚德、安瑞卡·德特拉吉亚切和希尔瑞·特雷赛尔（Abdul Abiad，Enrica Detragiache，and Thierry Tressel，2008）。

其次，还有一些基于不同国家外国资本储备的实际意义上的（de facto）金融全球化指标。应用最广泛的指标来自菲利普·雷恩和吉安·玛利亚·米来西—法拉蒂（Philip Lane and Gian Maria Milesi-Ferretti，2007），他们汇总了一个实际资金流动的数据库，然后推导出了某个特定国家的外国资产和负债的存量。大多数现有的文献都使用资产加负债的总量占 GDP 的份额来度量金融全球化。

再次，还有一些基于净资本流动而不是基于总存量的实际意义上的指标（见 Prasad 等，2007 和 Gourinchas and Jeanne，2007）。正如亨利（Henry，2007）所述，使用净资本流动的原因是：基本的索洛增长模型基于净资本流动（外国储蓄）而不是总资本流动提供了关于金融全球化的一些见解。另外，净流动十分重要，是因为资本影响经济增长的渠道之一是汇率。净资本流动体现在资本账户中，或者说是经常账户赤字中（扣除援助资本流动）。

总而言之，一共有 6 种度量金融全球化的指标（在总量层面上），三种实际意义上的指标，另外三种是法律意义上的指标。

金融全球化的水平或变化

在对金融全球化进行量化后（利用实际意义上的指标或者法律意义上的指标），我们有必要考虑一下最根本的问题是什么：长期经济增长受到向金融全球化开放程度的影响，还是受到开放程度变化的影响？如果重要的是开放程度，我们是应该将全球化指定为分析期间的平均水平，还是将其指定为分析期间开始时的普遍水平？使用前者会导致人们对于反向因果关系的关注：增长本身会影响金融全球化，因此指定平均值会导致结果出现偏差。

总而言之，我们可以将金融全球化指定为一种变化，或者一个初始水平，或者是一个平均值，共三种方式。

对于金融全球化的分解

讨论金融全球化的文献表明，除了资本流动的规模和政策措施等影响总体资本流动之外，外国资本流动的类型也很重要。外国资本主要有三种类型：外国直接投资、投资组合流向国内债券和股权市场，以及债务。我们的数据使得我们能够根据以下六个类别来区分资本流动的影响：组合债务（以及债券）流动、组合权益流动、外国直接投资、非债务流动（组合权益流动和外国直接投资的加总）、净银行资本流动，以及其他的投资流动（包括净银行资本流动和贸易信贷）①。这六种类别中的每一种都可以被表示为存量或流量。

总而言之，一共有12种金融全球化的分解指标，包括这6种类别的存量或流量。

① 并非对于所有的分析来说都需要对这6种类别进行分解。例如，债券和股权流动有时候是加在一起的。

时间跨度估算法

最近的研究使用了不同的时间跨度，包括从 20 世纪 80 年代中期开始的 20 年期时间跨度（Edwards，2001 以及 Arteta，Eichengreen，and Wyplosz，2001）、从 1970 年开始的 40 年的时间跨度（Prasad，Rajan，and Subramanian，2007），以及包含在这一较长时间跨度内的 5 年期时段（Quinn and Toyoda，2008）。为了保证完整性，我们包含了四个时间跨度：1970～2007 年、1985～2007 年、1990～2007 年，以及从 1970 年开始的为期 5 年的时间段。

从方法论上来说，前三个时间跨度和 5 年期时间段序列之间有着重要的区别。前三个时间跨度适用于截面数据分析，通过它，我们可以利用国家之间的差异分解出金融全球化对于经济增长所产生的总体影响。而 5 年期的时间段则适用于面板数据分析，通过它，我们可以利用跨时间的各国内部的差异来说明金融全球化和经济增长之间的特定关系。

对于截面数据分析方法，相关的问题是：金融全球化程度高的国家一般来说是否增长速度更快？而对于面板数据分析方法，相关的问题是：与金融全球化速度较慢的时期相比，一国在金融全球化速度更快的时期的增长速度是否更高？使用面板数据的一个优点（至少在原则上如此）是：估算过程试图修正内生性偏差，这种内生性偏差是由于增长本身能够对金融全球化产生积极影响（通过吸引外国资本流动，以及使决策制定者更愿意放松其外国资本流动政策）这个事实所导致的。

总之，我们有两种估算方法：截面数据分析法和面板数据分析法。截面数据分析在三个不同的时间段进行，面板数据分析则是通过在40年期跨度中的5年时间段进行的。

需要指出的是，早期关于金融方面的文献集中在对截面关系的估计上。然而，自从21世纪初以来，由于以上所提到的原因，人们将重点更多地转向了面板数据估算方法上。萨拉—伊—马丁（1997）检验了变量在截面环境中的稳健性，但对于面板数据的估算程序，却没有做过类似的研究工作。因此，我们所做工作的一个更大的贡献就是在面板估算环境中检验金融全球化和经济增长之间关系的稳健性，这种方法在检验其他变量对增长的影响时可能具有更大的适用性。

阈值效应

一些研究认为，金融全球化造成的影响是不统一的[①]。那些实施配套政策和制度来改善其治理水平和金融制度的国家更有可能从金融全球化中受益。我们试图通过比较不同国家群组（发达国家、新兴市场经济国家，以及所有样本国家）的金融全球化与增长之间的关系来体现出此类阈值效应。

总而言之，我们有三个不同的样本，其中两个基于收入水平，而另一个是汇总的样本。

调节变量

所有的计量分析存在的一个共同问题是遗漏变量所造成的偏差。我们怎么才能知道我们想要发掘的效应是由研究中包含的变量决定的（在本例中，是金融全球化），而不是由其他未被包含在回归中的变量决定的呢？有很多变量可以用于对回归进行调整

---

① 例如，请参见 Alfaro, Kalemli-Ozcan, and Volosovych（2007）；Arteta, Eichengreen, and Wyplosz（2001）；Edwards（2001）；Klein（2005）；Kose 等（2009）。

以解决这一问题。

我们使用两种方法。第一种很少采用，我们仅采用初始收入水平和感兴趣的金融全球化变量作为解释变量。该种方法隐含地揭示出了金融全球化和经济增长之间是否存在着一种简单、无条件的关系[①]。在第二种方法中，我们引入了另外三个解释变量，它们在文献中是标准的调节变量（conditioning variable）：受教育水平、贸易开放度和制度的质量。

总的来说，我们有两种方式可以来考察这些调节变量。

数据来源

近期有人指出，在两个主要的数据来源［佩恩表（Penn World Tables）和世界银行的《世界发展指标》（*World Development Indicators*）］中，对增长的度量存在很大的差异（参见 ohnson 等，2009）。这些差异可能会对国家之间的回归结果造成潜在的影响。

总之，我们有两个主要的数据来源。为了检验结果的稳健性，我们在分析上面提到的当前文献中的 6 种其他差异来源时使用了两个数据来源。

5 元分析的进行与结果

我们对于 7 个因素的所有组合进行了分析，这 7 个因素将包含在分析中的 9 项研究区分开来，共得到 2340 种回归结果。在此，我们不详细列出所有组合的回归结果，而是汇总了一些关键

① 包含初始收入水平是出于对集聚效应的考虑，也就是说，一般来说，与较富裕的国家相比，穷国的增长速度更快。参见 Barro and Sala-i-Martin（2003）。

的统计数据。首先，我们评估了产生的结果显示金融全球化与经济增长之间存在正向、统计上显著关系的组合所占的百分比。然后，我们进行了进一步分析，以理解哪些组合更有可能产生这样的关系。因此，除了提供所有组合的结果之外，我们还提供了能够更加明确地揭示出这一关系的不同子组合的结果。

这种方法的宗旨在我们的表达中体现得很清楚。“看，妈妈，我没用手扶!”① 我们的方法和罗纳德·科斯（Ronald Coase，2001）提出的方法正相反。科斯认为，只要你折磨数据，它就会以某种形式招供。也就是说，开始的时候我们不对金融全球化与经济增长之间的关系做出假设，但承认有不同的方法来分析这种关系。接下来，我们尝试着后退一步，并机械地“让数据发声”。当然，这不完全是一个纯粹机械的过程，因为我们对于需要研究的不同组合的选择可能会导致一些偏差。然而，我们的选择在很大程度上取决于所研究的文献和这些研究人员的选择。

在呈现和解释这些结果时，我们主要展示了产生显著关系的次数的百分比，我们设定的置信水平为10%。如何解释我们的结果现在还并不是特别明确。一方面，如果我们把不同的组合简单地理解为是对单一模型不同的表示方法，并且如果只有10%的回归在10%的置信水平上在统计上显著，那么我们就可以认为显著性结果是虚假的。也就是说，在10%的置信水平上显著的结果所占的比例必须明显超出10%，以表明这种关系是真正显著的。

另一方面，以上解释并没有真正被证明是合理的。不同的结果并不一定只和一个基本模型相关，这使得如何解释这些结果

---

① Look Ma，no hands! 这一表述最早出现在一个经典的故事中。一个孩子骑自行车的时候没有用手扶着车把手，因此他喊道：“看呀，妈妈，我没用手扶!”在这里的意思应该是某人正在做一件非常大胆的事情——译者注。

（它们显示出了金融全球化变量在10%的置信水平上显著的次数所占的百分比）就没有那么明确了。

不可否认的是，金融全球化变量显著的次数所占的百分比越大（越接近100%），我们对于金融全球化与经济增长之间呈现出一种因果关系就越有信心。这一百分比越小，我们就越应对此产生质疑。

6 结果：金融全球化对经济增长的影响

“元回归”的结果显示在了表3A.2至表3A.6中。表3A.2总结了所有2340次回归的结果。第一行显示了金融全球化变量显著并且符号正确（表示正相关关系）的次数大约占10%，而显著但符号不正确（表示负相关关系）的次数约占4%。即便是不把后一个数字算在内，这距离确认金融全球化对于经济增长的益处来说也差得很远。

另一种引人注目的模式非常明显。即便是对于那些金融全球化变量显著的情况来说，我们也有四个方面需要冷静考虑：

第一，与法律意义上的金融全球化相比，实际意义上的金融全球化在以存量的形式进行度量时显著的可能性差不多是其两倍。这与内生性导致正相关的结论相一致。

第二，与金融全球化变量被指定为期间初始值相比，将这一变量指定为期间的平均值或期间的变化时，其显著的可能性为前者的三倍。这也与内生性导致正相关的结论相一致。

第三，当没有加入其他相关变量时，金融全球化变量显著的可能性几乎会提高两倍。这意味着遗漏的变量占显著性结果的一大部分。

第四，与新兴市场经济国家相比，发达国家金融全球化变量显著的可能性是其两倍。这与金融全球化存在着阀值效应的结论相一致，也就是说，这种正向效应在人均收入水平很高的时候就会出现。

与奎因和丰田（2008）的主张不同，第三种观察结果是，面板数据的分析结果未能提供金融全球化与经济增长之间存在正向关系的令人信服的证据。我们在复制奎因和丰田所做研究中广义矩方法（Generalized Method of Moments，GMM）的结果时，也采纳了大卫·卢德曼（David Roodman，2008）的意见。大卫曾经提出警告，在使用广义矩估计量的时候，不要使用太多的工具变量。正如他所指出的那样，对于差分GMM，问题在于找到一个弱工具变量；而对系统GMM，问题在于工具变量的有效性。卢德曼（Roodman，2008，27-28）推荐了以下方法：

为了降低风险，在使用差分GMM和系统GMM方法时，一些做法应当成为标准。研究人员应当报告他们为进行回归所生成的工具变量的数量。在系统GMM中，对水平方程（levels equation）所有工具变量进行的汉森差分检验（Difference-in-Hansen tests），以及基于因变量的子集，应当被报告出来。应该对结果进行反复检验，以确定其对工具变量数量减少的敏感性。研究人员不应该在那些很少“超过常规显著性水平”（0.05或0.10）的设定检验（specification test）中花费太多时间，因为在试图排除设定问题（specification problem）的时候，这些水平并不恰当，尤其是在检验的规模不够大的时候。

我们采纳了这种观点，并对适用和不适用卢德曼（2008）设定检验的结果的显著性进行了报告。在后一种情况下，金融全球化变量在全部次数中有25%是显著的。在卢德曼所提出的其他检验也适用时，金融全球化变量在全部次数中只有7%是显著的，这低于我们从截面数据估算中所得到的值。

最后，能让我们稍微有些宽慰的是，与银行或组合债务流动相比，组合权益与外国直接投资流动更容易对经济增长产生正向的和显著的影响。这与文献中的结论是一致的。例如，艾汉·高斯、艾思华·普拉萨德和马可·特伦尼斯（Ayhan Kose，Eswar Prasad，and Marco Terrones，2009）发现，外国直接投资和组合权益债务促进了生产率的增长，而外部债务实际上与生产率增长是负相关的。

金融全球化对经济增长产生的微弱影响在图3.6至图3.9中显示了出来。图3.6和图3.7分别画出了人均GDP平均增长（1970~2007年）与所有国家以及发达国家和新兴市场经济国家样本的实际意义上的金融全球化指标的变化之间的关系。在图3.6和图3.7中，金融全球化的变化是实际意义上的指标，雷恩和麦里锡—法拉蒂（Lane and Milesi-Ferretti，2007）指标和变化在1970~2007年之间进行了度量。图3.8和图3.9画出了同一关系，但用奎因和丰田（Quinn and Toyoda，2008）的法律意义上的指标替代了实际意义上的金融全球化指标。这两幅图形都表明，两个变量之间不存在相关性（这些相关性分别为0.17、0.04、0.18、0.05）。这是表3A.2所示设定范围（range of specifications）的宽泛模式。

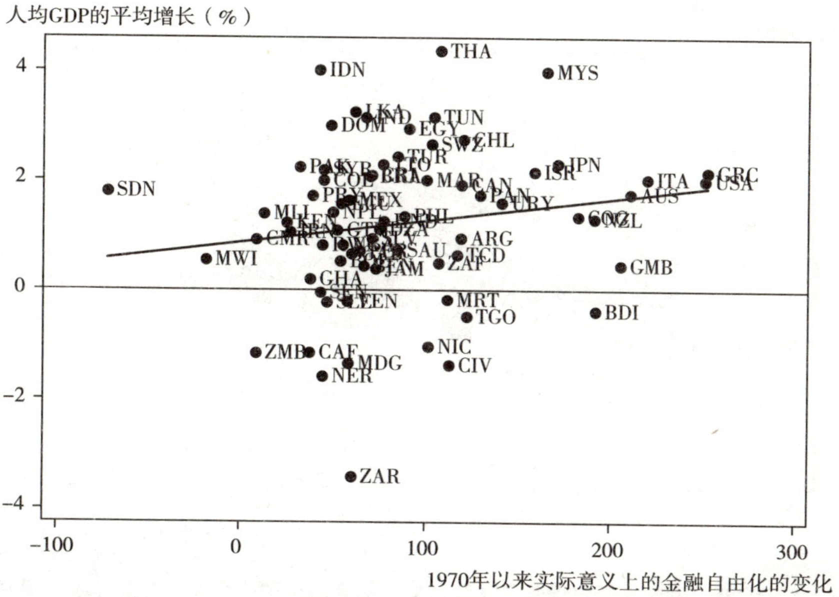

图 3.6　1970～2007 年经济增长与实际意义上的金融自由化变化之间的关系（所有国家）

资料来源：作者的计算。

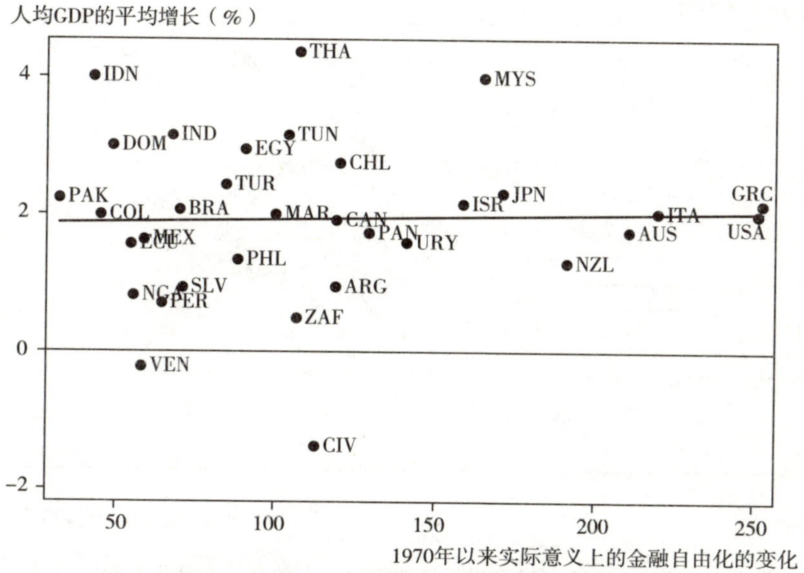

图 3.7　1970～2007 年经济增长与实际意义上的金融自由化变化之间的关系（发达国家和新兴市场经济国家）

资料来源：作者的计算。

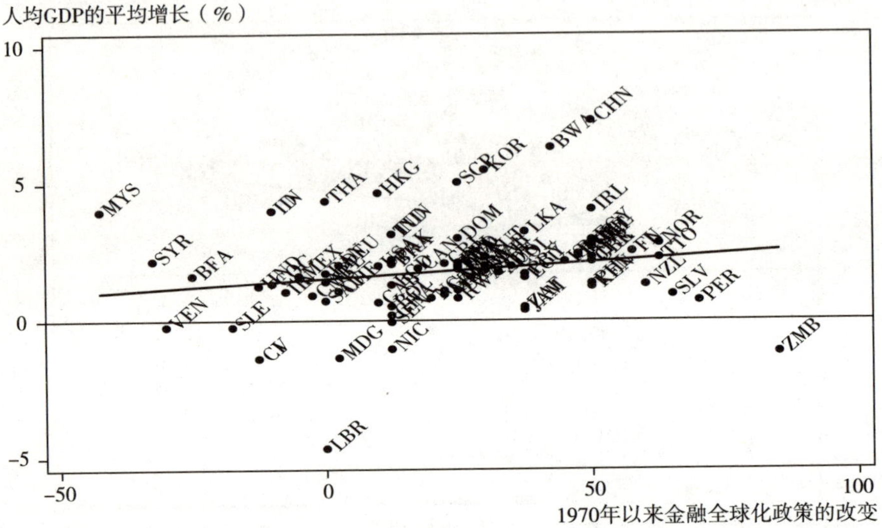

图 3.8　1970～2007 年经济增长与法律意义上的金融全球化之间的关系（所有国家）

资料来源：作者的计算。

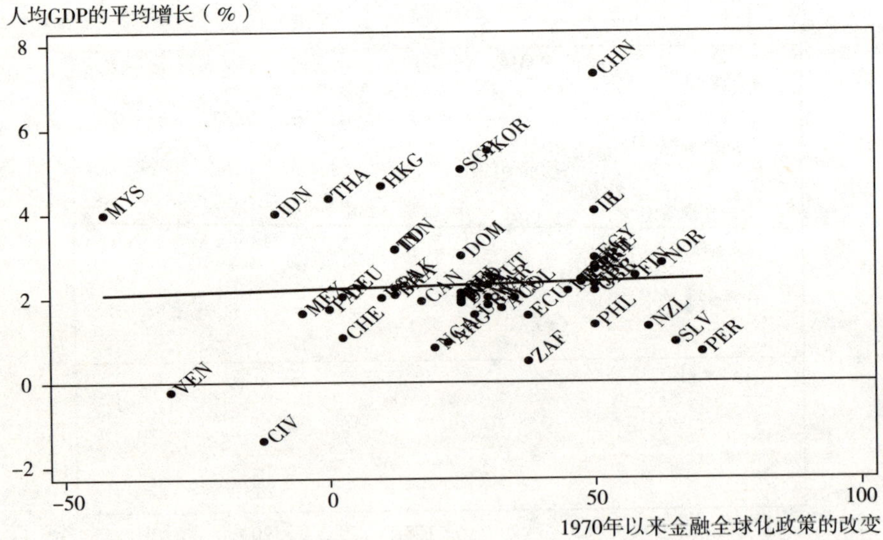

图 3.9　1970～2007 年经济增长与法律意义上的金融全球化之间的关系
（发达国家和新兴市场经济国家）

资料来源：作者的计算。

这些结果是否不仅仅表明一般来说几乎没有证据支持金融全球化与经济增长之间存在着强烈的相关性呢？例如，是否存在着一些情况（变量的某些组合）为我们提供了两者之间存在更强相关性的证据，因而可以揭示出金融全球化的整体影响？为了达到这个目的，我们对这些结果进行了分解，以显示出这些变量的不同组合。我们在表3A.3和表3A.4中呈现出了截面回归的结果，并在表3A.5和表3A.6中呈现出了GMM回归的结果。在每一种情况下，报告的数字都是金融全球化变量和其他选择变量的特定组合在10%置信水平上金融全球化指标显著的次数所占百分比。

只有两种情况显示出金融全球化显著的积极影响（当金融全球化变量显著的次数至少为50%时，我们才认为它们能够产生显著的积极影响）。第一种情况出现在发达国家的样本中，其中金融全球化变量是合计实际意义上的存量变量（总资产和总负债除以GDP）。该组合显示在表3A.3中。第二种情况出现在金融全球化变量被定义为组合权益资产和负债存量与总GDP的比值，以及当这一变量被定义为变化值，或者被定义为所考虑期间内的平均值时（表3A.4）。当组合权益以净流量来定义的时候，结果一般来说也是正向的。出人意料的是，与外国直接投资流动相比，组合权益流动的结果更强烈，尽管我们怀疑在实践中二者可能很难区分。

在面板数据估算中是否存在类似的较强结果[①]？表3A.5表明，实际上，没有一个组合能够显示出金融全球化与经济增长之间存在着强烈的关系［利用能否满足卢德曼（2008）提出的标准来界定］。但是分解后的金融全球化指标的详细面板数据（参见表3A.6）的确显示出，对于组合权益，金融全球化与增长之间存

① 我们强调，仅当卢德曼（2008）提出的附加标准能够得到满足的时候，我们才会将显著性结果报告出来。

在着强烈的正相关，尤其是在以流量来度量的时候[①]。令人欣慰的是，对于组合权益流动，截面数据和面板数据估算的结果是一致的。

还有最后一个问题需要解决。如图 3.1 和图 3.2 所示，收入水平和金融全球化水平之间呈现出强烈的正相关性。但是，我们的元回归分析并没有发现收入水平的变化（也就是增长）和金融全球化程度的变化之间存在着强相关。我们应该如何协调这两个结果呢?

在另一种背景下观察类似的模式是有益的：民主和经济发展之间的关系。达隆·阿西莫格鲁、西蒙·约翰逊、詹姆斯·罗宾逊和皮埃尔·亚理德（Daron Acemoglu，Simon Johnson，James Robinson，and Pierre Yared，2008）证明了在长期中，民主和经济发展之间存在着一种类似的强相关性，但在 50 年、100 年及 200 年的时间跨度中，并没有发现收入变化与民主制度变化之间存在着相关性。他们假设，这是由于遗漏了一个共同的因素，该因素与发生在大约公元 1500 年左右的殖民化的历史经验有关。殖民化使一些国家走上了快速增长和民主化的道路，使另外一些国家走上了经济增长和政治发展缓慢的发展之路。把该因素考虑在内，其影响就是在更长的时间跨度中（大约 500 年），收入变化和民主制度变化之间存在着相关性。

---

① 当我们不施加卢德曼（2008）所提出的另外两个附加标准时，我们可能会得到一些组合，在这些组合中，金融全球化和经济增长之间存在着更强的相关性是可能的。法律意义上的变量尤其如此，特别是在设定中不包含所有调节变量的时候。有意思的是，包括所有国家的样本比仅包括发达国家或者新兴市场经济国家的样本表现出更加强烈的相关性，这表明其他发展中国家的相关性很强。因此，面板分析结果和截面分析结果的不一致表现为两种方式。第一，在截面分析中，实际意义上的指标更有可能是显著的，而在面板估算中却是反过来的。第二，有证据表明，阀值效应是存在的，除了在截面分析中富裕的国家更有可能表现出正相关关系，而在面板分析中我们也需要非新兴的发展中国家同样表现出这样一种相关性。

同样，可能存在着一种共同的因素，这一因素能够解释在我们的分析跨越的大约40年中，为什么我们的研究结果似乎表明金融全球化的变化对经济增长没有影响。该因素既可以反映出提升收入水平对于一国制定向资本流动开放政策所造成的影响（这是一个能够同时促进金融全球化和增长的共同因素），也可以反映出金融全球化和收入水平之间的因果关系。我们需要进行更多的研究，以扩展此类分析的时间跨度，从而确定金融全球化和经济增长与发展间关系的本质与方向。

总而言之，除了权益市场自由化之外，我们的元回归分析未能发现多少有力的证据表明在金融全球化和经济增长之间存在着正相关性。目前在我们所有的设定中尚缺乏正面的结果：无论是在总和层面上对金融全球化进行度量，还是在分散的层面上对其进行度量；无论是以实际意义上的指标进行度量，还是以法律意义上的指标进行度量；在所有的时间跨度上；使用所有的估计方法；对于所有的国家样本；对于所有的条件变量和控制变量。但是，即使是统统缺乏稳健性，但缺乏证据并不能说明金融全球化与经济增长无关。

最后，高斯等人（2009）提出的论点值得我们研究。他们提出，金融全球化能够带来十分显著的附带收益，即便是它对于经济增长没有直接的利益，金融全球化也是值得进行的。这些附带收益包括改善国内宏观经济及金融体系和制度的压力。问题在于，几乎没有证据支持这一点。例如，与缺乏外国资本时相比，可以进入国际市场进行融资通常会使得挥霍无度的政府能够在软预算约束的情况下运转更长的时间。实际上，有人将美国在全球金融危机中的经历解释为：由于可以获得大量的外国资本，因此美国大赚不义之财，并放松了监管标准。另一个例子是20世纪

90年代的土耳其。在20世纪80年代末期对金融全球化开放之后，土耳其政府找到了一条廉价的融资渠道（以本国商业银行为中介的方式来借入外债），这样，它就可以支撑土耳其越来越严重的财政失衡。在没有这类资本的情况下，土耳其本应会被迫在2001年之前以一种代价更小的方式来整顿其财政部门。事实上，金融全球化可以说是实际上阻碍了国内金融市场的发展，而不是促进金融体制的改革，因为国内的投资者可以轻而易举地把资产转移到国外。

即便是附带收益的论点被证明是站得住脚的，其对政策的影响也并不清晰。实现特定政策目标最好的方式——无论是宏观经济的稳定还者是制度的发展——就是直接追求这一目标，而不是作为其他领域改革的一种间接的或者是附带的结果。为了使得这一论点因其附带利益而支持金融全球化，我们不仅要证明那些附带利益真的存在，而且还需要证明在所有的改革战略中，金融全球化是实现这些附带收益的一种特别有效的方式。反过来，这要求金融全球化对我们正在考虑的政策渠道具有足够强大的影响力，而且这样做的管理成本和其他成本也要低于其他可行改革的成本。这种情况还有待说明。

附录 3A 表格

表 3A. 1 元分析中所包括的国家列表

发达国家或地区（24）			
国家	缩写	国家	缩写
澳大利亚	AUS	意大利	ITA
奥地利	AUT	日本	JPN
比利时	BEL	荷兰	NLD
加拿大	CAN	新西兰	NZL
丹麦	DNK	挪威	NOR
芬兰	FIN	葡萄牙	PRT
法国	FRA	新加坡	SGP
德国	DEU	西班牙	ESP
希腊	GRC	瑞典	SWE
中国香港	HKG	瑞士	CHE
爱尔兰	IRL	英国	GBR
以色列	ISR	美国	USA
新兴市场经济国家（32）			
国家	缩写	国家	缩写
阿根廷	ARG	墨西哥	MEX
巴西	BRG	摩洛哥	MAR
保加利亚	BGR	尼日利亚	NGA
智利	CHL	巴基斯坦	PAK
中国	CHN	巴拿马	PAN
哥伦比亚	COL	秘鲁	PER
科特迪瓦	CIV	菲律宾	PHL
多米尼加共和国	DOM	波兰	POL
厄瓜多尔	ECU	俄罗斯	RUS
埃及	EGY	南非	ZAF
萨尔瓦多	SLV	泰国	THA
匈牙利	HUN	突尼斯	TUN
印度	IND	土耳其	TUR

续表

新兴市场经济国家（32）			
国家	缩写	国家	缩写
印度尼西亚	IDN	乌克兰	UKR
朝鲜	KOR	乌拉圭	URY
马来西亚	MYS	委内瑞拉	VEN
其他（92）			
国家	缩写	国家	缩写
阿富汗	AFG	洪都拉斯	HND
阿尔巴尼亚	ALB	伊朗伊斯兰共和国	IRN
阿尔及利亚	DZA	伊拉克	IRQ
安哥拉	AGO	牙买加	JAM
亚美尼亚	ARM	约旦	JOR
阿塞拜疆	AZE	哈萨克斯坦	KAZ
孟加拉	BGD	肯尼亚	KEN
白俄罗斯	BLR	基里巴斯	KIR
贝宁	BEN	科威特	KWT
玻利维亚	BOL	吉尔吉斯斯坦	KGZ
波斯尼亚和黑塞哥维那	BIH	老挝	LAO
博茨瓦纳	BWA	拉脱维亚	LVA
布基纳法索	BFA	黎巴嫩	LBN
布隆迪	BDI	莱索托	LSO
柬埔寨	KHM	利比里亚	LBR
喀麦隆	CMR	利比亚	LBY
中非共和国	CAF	立陶宛	LTU
乍得	TCD	马其顿	MKD
刚果民主共和国	ZAR	马达加斯加	MDG
刚果共和国	COG	马拉维	MWI
哥斯达黎加	CRI	马里	MLI
克罗地亚	HRV	毛里塔尼亚	MRT
捷克共和国	CZE	毛里求斯	MUS
厄立特里亚	ERI	摩尔多瓦	MDA
爱沙尼亚	EST	蒙古	MNG
埃塞俄比亚	ETH	莫桑比克	MOZ
加蓬	GAB	缅甸	MMR
冈比亚	GMB	纳米比亚	NAM
格鲁吉亚	GEO	尼泊尔	NPL
加纳	GHA	尼加拉瓜	NIC
危地马拉	GTM	尼日尔	NER

续表

其他（92）			
国家	缩写	国家	缩写
几内亚	GIN	阿曼	OMN
几内亚比绍	GNB	巴布亚新几内亚	PNG
海地	HTI	巴拉圭	PRY
罗马尼亚	ROM	塔吉克斯坦	TJK
卢旺达	RWA	坦桑尼亚	TZA
沙特阿拉伯	SAU	多哥	TGO
塞内加尔	SEN	特立尼达和多巴哥	TTO
塞尔维亚	SRB	土库曼斯坦	TKM
塞拉利昂	SLE	乌干达	UGA
斯洛伐克	SVK	阿拉伯联合酋长国	UAE
斯洛文尼亚	SVN	乌兹别克斯坦	UZB
斯里兰卡	LKA	越南	VNM
苏丹	SDN	也门	YEM
斯威士兰	SWZ	赞比亚	ZMB
叙利亚	SYR	津巴布韦	ZWE

注：本表格包括 148 个国家，不包括人口少于 100 万的国家。

资料来源：International Monetary Fund，*World Economic Outlook*；World Bank，*World Development Indicators*.

表 3A. 2　　　　金融全球化结果汇总

	为正且显著的百分比（10%）	为负且显著的百分比（10%）	回归的总数
合计[a]	10 （16）	4 （5）	2340
时间范围估算方法			
截面回归	11	6	108 × 15 = 1620
1970 ~ 2007 年	12	4	36 × 15 = 540
1985 ~ 2007 年	11	6	36 × 15 = 540
1990 ~ 2007 年	11	6	36 × 15 = 540
面板回归（金融全球化变量显著且回归满足卢德曼〔2008〕GMM 估算方法标准）[b]	7 （25）	2 （4）	48 × 15 = 720
金融全球化变量的设定			
法律意义上的[c]	13	4	156 × 3 = 468
实际意义上的（合计）[d]	17	5	156 × 12 = 1872
实际的净资本流动	15	5	156 × 7 = 1092
实际的存量	20	5	156 × 5 = 780

续表

	为正且显著的百分比（10%）	为负且显著的百分比（10%）	回归的总数
金融全球化变量的时间选择			
作为初始阶段值	5	6	36×15=540
作为平均值	16	2	36×15=540
作为变动	13	9	36×15=540
金融全球化指标的分解			
组合债务	9	5	156×2=312
其他投资	10	7	156×2=312
银行[e]	17	1	156×1=156
非债务	28	5	156×4=624
外国直接投资（FDI）	21	5	156×2=312
组合权益	35	4	156×2=312
调节变量			
收敛项和金融全球化变量	23	5	78×15=1170
收敛项，金融全球化变量，以及教育、开放和制度的质量[f]	9	5	78×15=1170
样本[g]			
所有国家	16	7	52×15=780
发达国家	22	4	52×15=780
新兴市场经济国家	11	4	52×15=780
数据来源			
佩恩表	16	5	78×15=1170
世界银行，世界发展指标	16	5	78×15=1170

GMM=广义矩方法

a. 括号中的数字为截面回归和面板回归的平均值，没有提出面板回归要满足 Roodman（2008）标准这一要求。

b. 括号中的数字与回归相关，这些回归要满足 Roodman（2008）标准这一条件。

c. 法律意义上的变量分别来自 Quinn and Toyoda（2008）；Abiad，Detragiache，and Tressel（2008）；以及 Chinn and Ito（2008）。

d. 存量的实际意义上的变量为总外国资产加总外国负债占 GDP 的份额，以及债务、组合权益、外国直接投资和其他投资的类似变量。实际意义上的资本流动变量是总流入和总流出（被看成是净资本流动）占 GDP 的份额，以及债务、组合权益、外国直接投资流动和其他投资的类似变量。另外，对于净经常账户流动（加上援助）来说，存在一个实际意义上的变量。一共有 15 个金融全球化变量，其中 3 个是法律意义上的变量，5 个是实际意义上的存量，7 个是实际意义上的流动变量。

e. 其他投资的子类别，其国内的交易对方是一家银行。

f. 教育是上学的平均年数（Barro and Lee，2010），制度质量（institutional quality）来自国际国家风险指南（International Country Risk Guide）的风险评级。

g. 样本中包含 148 个国家，其中 24 个为发达国家，32 个为新兴市场经济国家。

资料来源：作者的计算。

表 3A.3 经济增长和金融全球化的汇总指标，详细截面分析结果（%）

	实际意义上的指标					
	总外国资产加负债占 GDP 的份额		净资本流动占 GDP 的份额		CAB 加 ODA 占 GDP 的份额	
	stg	stg + corr	stg	stg + corr	stg	stg + corr
所有回归	22	19	13	6	13	6
样本						
所有国家	11	3	11	0	11	3
发达国家	56	56	19	11	11	3
新兴市场经济国家	0	0	8	8	17	11
时间段						
1970～2007 年	11	11	19	6	8	6
1985～2007 年	25	22	6	3	25	6
1990～2007 年	31	25	14	11	6	6
数据来源						
佩恩表	19	19	9	6	13	6
世界银行，世界发展指标	26	20	17	7	13	6
金融全球化变量的时间选择						
平均值	19	17	17	14	19	11
初始值变量	17	11	3	3	11	6
变化变量	31	31	19	3	8	0
管制						
金融全球化 + 初始收入	35	30	11	4	20	9
金融全球化 + 初始收入 + 教育、开放度和制度	9	9	15	9	6	2
所有回归	6	4	19	10	11	6

续表

	法律意义上的指标（资本账户自由化指数）					
	Quinn and Toyoda（2008）		Abiad，Detragiache，and Tressel（2008）		Chinn and Ito（2008）	
	stg	stg + corr	stg	stg + corr	stg	stg + corr
样本						
所有国家	0	0	3	0	19	8
发达国家	17	11	28	17	11	8
新兴市场经济国家	0	0	25	14	3	0
时间段						
1970～2007 年	8	6	33	22	19	14
1985～2007 年	6	3	14	6	3	0
1990～2007 年	3	3	8	3	11	3
数据来源						
佩恩表	9	6	19	9	13	7
世界银行，世界发展指标	2	2	19	11	9	4
金融全球化变量的时间选择						
平均值	8	8	11	11	6	6
初始值变量	3	3	22	19	14	3
变化变量	6	0	22	0	14	8
管制						
金融全球化 + 初始收入	11	7	20	15	15	11
金融全球化 + 初始收入 + 教育、开放和制度	0	0	17	6	7	0

CAB = 经常账户余额；ODA = 官方发展援助

注：数字代表全球化变量显著（“sig”）的次数所占百分比，或对于某一特定的回归组合显著且符号正确（“sig + corr”）的次数所占百分比。

资料来源：作者的计算。

表 3A.4 经济增长和金融全球化分解指标，详细截面分析结果（%）

回归	实际意义上的指标：子类别			
	总外国直接投资资产加负债占 GDP 的份额		净外国直接投资流动占 GDP 的份额	
	sig	sig + corr	sig	sig + corr
所有回归	21	14	20	12
样本				
所有国家	22	3	33	11
发达国家	42	39	6	3
新兴市场经济国家	0	0	22	22
时间段				
1970～2007 年	11	6	25	17
1985～2007 年	25	17	19	8
1990～2007 年	28	19	17	11
数据来源				
佩恩表	17	13	30	19
世界银行，世界发展指标	26	15	11	6
金融全球化变量的时间选择				
平均值	19	17	22	22
初始值变量	31	11	11	11
变动变量	14	14	28	3
管制				
金融全球化 + 初始收入	30	26	26	17
金融全球化 + 初始收入 + 教育、开放和制度	13	2	15	7
回归	总权益资产加负债占 GDP 的份额		净权益流动占 GDP 的份额	
	sig	sig + corr	sig	sig + corr
所有回归	44	40	24	17
样本				
所有国家	61	61	14	6
发达国家	47	47	44	44
新兴市场经济国家	22	11	14	0

续表

回归	实际意义上的指标：子类别			
	总权益资产加负债占 GDP 的份额		净权益流动占 GDP 的份额	
	sig	sig + corr	sig	sig + corr
时间段				
1970 ~ 2007 年	42	42	19	14
1985 ~ 2007 年	47	42	28	19
1990 ~ 2007 年	42	36	25	17
数据来源				
佩恩表	41	41	24	17
世界银行，世界发展指标	46	39	24	17
金融全球化变量的时间选择				
平均值	58	56	28	28
初始值变量	3	0	3	0
变动变量	69	64	42	22
管制				
金融全球化 + 初始收入	52	52	33	22
金融全球化 + 初始收入 + 教育、开放和制度	35	28	15	11
回归	总债务资产加负债占 GDP 的份额		净债务流动占 GDP 的份额	
	sig	sig + corr	sig	sig + corr
所有回归	14	11	13	3
样本				
所有国家	11	11	17	3
发达国家	22	19	17	0
新兴市场经济国家	8	3	6	6
时间段				
1970 ~ 2007 年	28	19	8	3
1985 ~ 2007 年	8	8	22	6
1990 ~ 2007 年	6	6	8	0

续表

回归	实际意义上的指标：子类别			
	总债务资产加负债占 GDP 的份额		净债务流动占 GDP 的份额	
	sig	sig + corr	sig	sig + corr
数据来源				
佩恩表	13	9	9	4
世界银行，世界发展指标	15	13	17	2
金融全球化变量的时间选择				
平均值	28	22	6	3
初始值变量	0	0	11	6
变动变量	14	11	22	0
管制				
金融全球化 + 初始收入	20	19	19	6
金融全球化 + 初始收入 + 教育、开放和制度	7	4	7	0
回归	总其他投资资产加负债占 GDP 的份额		净其他投资流动占 GDP 的份额	
	sig	sig + corr	sig	sig + corr
所有回归	10	5	17	11
样本				
所有国家	6	0	8	6
发达国家	25	14	17	14
新兴市场经济国家	0	0	25	14
时间段				
1970～2007年	17	6	6	6
1985～2007年	6	6	17	14
1990～2007年	8	3	28	14
数据来源				
佩恩表	11	4	15	7
世界银行，世界发展指标	9	6	19	15
金融全球化变量的时间选择				
平均值	14	14	14	14
初始值变量	11	0	19	3

续表

回归	实际意义上的指标：子类别			
	总其他投资资产加负债占 GDP 的份额		净其他投资流动占 GDP 的份额	
	sig	sig + corr	sig	sig + corr
变动变量	6	0	17	17
管制				
金融全球化 + 初始收入	19	9	15	7
金融全球化 + 初始收入 + 教育、开放和制度	2	0	19	15

回归	净银行资本流动占 GDP 的份额	
	sig	sig + corr
所有回归	11	9
样本		
所有国家	8	3
发达国家	19	19
新兴市场经济国家	6	6
时间段		
1970 ~ 2007 年	8	8
1985 ~ 2007 年	11	11
1990 ~ 2007 年	14	8
数据来源		
佩恩表	6	4
世界银行，世界发展指标	17	15
金融全球化变量的时间选择		
平均值	6	6
初始值变量	6	0
变动变量	22	22
管制		
金融全球化 + 初始收入	9	7
金融全球化 + 初始收入 + 教育、开放和制度	13	11

注：数字代表全球化变量显著（“sig”）的次数所占百分比，或对于某一特定的回归组合显著且符号正确（“sig + corr”）的次数所占百分比。

资料来源：作者的计算。

表 3A.5　经济增长与金融全球化的汇总指标，详细面板分析结果（%）

回归	实际意义上的指标			法律意义上的指标（资本账户自由化指数）		
	总外国资产加负债占 GDP 的份额	净总流动占 GDP 的份额	CAB 加 ODA 占 GDP 的份额	Quinn and Toyoda（2008）	Abiad，Detragiache，and Tresse（2008）	hinn and Ito（2008）
所有回归						
金融全球化变量符号正确 + 显著	19	21	4	15	38	15
金融全球化指标符号正确 + 显著且满足第一个标准 α	8	13	2	4	10	6
金融全球化指标符号正确 + 显著且满足第一个和第二个标准 α	8	17	0	8	13	8
样本						
所有国家	0	13	0	0	13	0
发达国家	25	0	0	25	0	25
新兴市场经济国家	0	38	0	0	25	0
管制						
金融全球化变量 + 初始收入和教育水平	17	25	0	17	17	17
金融全球化变量 + 初始收入和教育水平	0	8	0	0	8	0
数据来源						
佩恩表	8	25	0	8	17	8
世界银行，世界发展指标	8	8	0	8	8	8
估计类型						
系统 GMM	8	17	0	8	13	8

GMM = 广义矩方法；CAB = 经常账户余额；ODA = 官方发展援助。

a. 第一个标准包括阿雷拉诺—邦德自相关检验（Arellano-Bond test for autocorrelation）和对所有工具变量的汉森联合有效性检验（Hansen test for joint validity of all instruments）。第二个标准是汉森滞后应变量工具变量有效性检验（Hansen test for validity of instruments of lagged dependent variable），它只适用于系统 GMM。

注：数字代表金融全球化变量显著、符号正确且满足回归的一种和两种组合（除非另有说明）的次数所占的百分比。管制也是如此。

表 3A.6　经济增长与金融全球化的分解指标，详细面板分析结果（%）

回归	实际意义上的指标：子类别								
	总外国直接投资资产加负债占 GDP 的份额	净外国直接投资流动占 GDP 的份额	总股权资产加负债占 GDP 的份额	净权益流动占 GDP 的份额	总债务资产加负债占 GDP 的份额	净债务流动占 GDP 的份额	总其他投资资产加负债占 GDP 的份额	净其他投资流动占 GDP 的份额	净银行资本流动占 GDP 的份额
所有回归									
金融全球化变量符号正确 + 显著	48	29	48	50	6	21	2	29	35
金融全球化指标符号正确 + 显著且满足第一个标准 α	4	8	23	42	6	21	0	19	29
金融全球化指标符号正确 + 显著且满足第一个和第二个标准 α	4	13	29	54	8	8	0	13	21
样本									
所有国家	13	0	0	0	0	0	0	0	25
发达国家	0	0	63	75	25	25	0	0	0
新兴市场经济国家	0	38	25	88	0	0	0	38	38
管制									
金融全球化变量 + 初始收入和教育水平	0	17	33	67	17	8	0	25	25
金融全球化变量 + 初始收入和教育水平	8	8	25	42	0	8	0	0	17
数据来源									
佩恩表	8	25	42	58	8	8	0	17	25
世界银行，世界发展指标	0	0	17	50	8	8	0	8	17
估计类型									
系统 GMM	4	13	29	54	8	8	0	13	21

GMM = 广义矩方法

a. 第一个标准包括阿雷拉诺—邦德自相关检验（Arellano-Bond test for autocorrelation）和对所有工具变量的汉森联合有效性检验（Hansen test for joint validity of all instruments）。第二个标准是汉森滞后应变量工具变量有效性检验（Hansen test for validity of instruments of lagged dependent variable），它只适用于系统 GMM。

注：数字代表金融全球化变量显著、符号正确且满足回归的一种和两种组合（除非另有说明）的次数所占的百分比。管制也是如此。

第4章

特定要素的流动

上一章进行的回归证实了大多数文献的结论：资本账户自由化并不会对经济增长产生非常稳健的影响，同时也证实了某些类型的资本流动比其他类型的资本流动对经济增长更有利。本章评估了一些讨论特定类型资本流动对经济增长影响的实证研究文献。我们使用了传统的分类方式：外国直接投资、组合权益资本流动、净银行资本流动（但没有考察包括在回归分析中的三种较小的流动，有时候它们被合并在一起）。

1 外国直接投资

传统的智慧认为，外国直接投资会通过多种渠道为接收国的经济带来好处。首先，外国直接投资的增加会提升国内资本存量、边际劳动生产率以及接收国的实际工资水平。如果进入国内的外国企业比国内企业的生产力水平更高，那么这种效应将会更加明显，对于发展中国家及新兴市场经济国家来说，这一点尤其正确。关于外国直接投资和工资溢出的实证研究文献的确发现，外国所有工厂的工资会更高一些（Lipsey，2004）。也有证据表明，在成为外国所有之后，国内工厂的工资有提高的趋势，这意味着更高的工资水平不仅仅是由于外国企业挑选了最好的本国职工（参见 Lipsey and Sjöholm，2002，关于印度尼西亚的案例）。

从外国直接投资获益的第二条渠道是通过知识和技术的转移实现的从生产率较高的外国企业向本国企业的溢出。从概念上来说，这一渠道和前面所讨论的工资溢出有所不同，因为它影响的是国内企业的全要素生产率（它们使用所有生产要素的效率），而不仅仅是对于国内劳动力的需求。这一渠道也有着不一样的政策含义。具体说来，由于外国企业不能够把它们进入一国市场产生的溢出效应内部化，外国直接投资就产生了正外部性，而由此为该国经济带来的总体好处使得国内当局值得利用补贴的手段来激励外国企业进行投资。国内当局也希望能够坚持要求外国企业与国内同行分享技术和知识来放大这种溢出效应。

文献区分了“水平溢出”（同一行业中的竞争对手将受益）和“垂直溢出”（利益从跨国企业转移到本地供应商）。在两种情形中，溢出都是通过知识的转移发生的，因为本地生产商通过观察或雇用它们的员工从而学到了跨国公司的技术和管理经验。跨国公司有动机去减少水平溢出，因为这种溢出会使国内竞争对手强大起来，但它们会从垂直溢出中获益，因为这能够提高其投入要素的质量。

关于外国直接投资具有正溢出的观点很大程度上是基于事件研究和事实证据。水平溢出的一个例子是 20 世纪 80 年代初的孟加拉国纺织品出口产业的出现（Rhee and Belot，1990）。韩国的大宇集团于 1979 年在孟加拉国建立了一个纺织工厂，并把很多孟加拉工人送到韩国进行培训。在这些工人中，有很多最后离开了大宇，并成立了自己的服装出口公司。垂直溢出的一个例子是日本的铃木汽车公司和印度政府于 1981 年建立的制造廉价小型汽车的合资企业（Parikh，1997）。最初，所有的汽车零部件都从日本进口，但合资企业刺激了国内供应商的发展，在不到 10 年的时间里，这些供应商就提供了 90% 的部件。西奥多·莫兰（Theodore Moran，2002）提供了许多其他的例子，讲述了外国直接投资引致的技术转移。

然而，一般来说，实证研究文献并没有发现外国直接投资对国内生产率具有稳健、系统性的影响。莫兰、爱德华·格拉汉姆和马格努斯·布罗姆斯特罗姆（Moran，Edward Graham，and Magnus Blomström，2005）利用分解的部门生产率数据以及外国直接投资和增长间联系的宏观经济证据，详尽地评估了这篇文献的两条主线。这本书的第一页讲述了他们的观察结果："事实证明，明确确定外国直接投资如何影响发展非常困难。"

表 4.1　1980 ~ 2005 年外国直接投资流入增长的跨国回归分析（%）

解释变量	基础回归	对人均 GDP 的影响
外国直接投资/GDP（1980 ~ 2005 年平均值，百分比）	0.189*** (0.054)	0.186*** (0.055)
初始人均 GDP（1980 年，对数）		0.0586 (0.134)
常数	0.922*** (0.196)	0.4486 (1.152)
观察值数量	118	118
R^2	0.008	0.008

注：普通最小二乘法回归；因变量：人均 GDP 的平均增长。括号内为异方差—稳健标准差，*** 表示解释变量在 1% 的置信水平上显著。

资料来源：人均 GDP 数据来自佩恩表 6.3。外国直接投资流入占 GDP 的比例来自国际货币基金组织的《国际金融统计》（*International Financial Statistics*）数据库，2011 年 7 月。

利用委内瑞拉工厂层面的数据，布莱恩·艾特肯和安·哈里森（Brian Aitken and Ann Harrison，1999）并没有发现水平生产率溢出的证据：随着外国所有权的增加，一个工厂的生产率会逐渐提高（特别是在小工厂中），但随着这一产业中外国所有权的增加，国内所有工厂的生产率却不断下降。这意味着，外国人拥有了生产率更高的工厂，但降低了其国内竞争对手的生产率，这可能是因为国内竞争对手必须支付同样的固定成本，但周转率降低了，或者因为外国企业雇用了最好的工人。比亚达·加瓦希克和玛丽安娜·斯巴塔利安努（Beata Javorcik and Mariana Spatareanu，2008）在东欧发现了类似的结果。

另一方面，一些研究发现了从外国企业向其本地供应商的垂直生产率溢出的证据。例如，加里克·布拉洛克和保罗·哥特勒（Garrick Blalock and Paul Gertler，2008）称，在一个特定的行业中，印度尼西亚企业的生产率受到这一行业的产出销售给外国企业的比例的正向影响，但并不受外国企业的产出在这一行业产出中所占份额的影响。贝亚塔·加瓦希克（Beata Javorcik，2004）使用立陶宛企业层面的数据进行了分析，同样发现外国子公司和其本地供应商之间存在着来自外国直接投资的生产率溢出。这种溢出是垂直溢出而不是水平溢出，这一事实与跨国公司将技术转移给其本地供应商而不是本地竞争对手的动机是一致的。但是，从某种程度上来说，这种溢出效应也弱化了对外国直接投资的补贴，因为与水平溢出相比，外国企业有可能在更大的程度上将来自垂直溢出的收益内部化。

外国直接投资可能会促进经济增长，尽管出现这种情况的条件还未被明确地找出来。那些经济增长率更高的国家也更容易获得更多的外国直接投资流入。对于1980~2005年这一期间的一个简单的跨国回归揭示出，外国直接投资流入占GDP的百分比每增加1%，经济增长率便会提高将近0.2%（参见表4.1）。这种相关性可以反映出外国直接投资流入对于本国经济增长存在着一种正向的影响[①]，但是这种因果关系反过来同样也成立，因为经济增长率高的国家会从世界其他地区吸引更多的外国直接投资。因此，实证研究文献中存在的主要问题便是从外国直接投资和经济增长的关系中梳理出这种因果关系。

爱德华多·伯伦茨坦、约瑟·迪·格雷戈里奥和李中华（Eduardo Borensztein, Jose De Gregorio, and Jong-Wha Lee, 1998）对这一文献做出了颇有影响力的贡献。在对 1970～1989 年间 69 个发展中国家和新兴市场经济国家的面板数据研究中，他们发现外国直接投资流入对于经济增长的影响在对一国人力资本实施控制（以其平均受教育水平来衡量）之后就不复存在了。然而，他们还发现，外国直接投资和人力资本之间的相互作用对经济增长存在着稳健的正向影响，这意味着，如果接受国具有足够高的教育水平，外国直接投资流入会刺激经济的增长。在他们的样本中，有 1/4 至 1/2 的国家（取决于回归的参数）位于教育阈值之上，在这个水平上，外国直接投资流入对经济增长具有正向影响。

后来的文献证明了一个事实：外国直接投资对于经济增长的影响在包含了调节变量的情况下并不是稳健的，而现代经济增长回归分析中经常使用调节变量。研究人员通过持续探索接受国"吸收能力"阈值的存在性来应对这一问题，当高于这个阈值的时候，外国直接投资就会与更高的经济增长率相关。例如，劳拉·阿尔法罗、奥林丹姆·钱达、塞比奈姆·卡勒姆里—奥兹坎和赛林·萨耶克（Laura Alfaro, Areendam Chanda, Sebnem Kalemli-Ozcan, and Selin Sayek, 2004）使用国内金融发展水平而不是教

① 即使外国直接投资对经济增长有着正面影响，但也不能够证明外国直接投资具有生产率溢出。外国企业拥有较高的生产率，它们的进入会提高平均生产率，从而提高经济增长率（至少暂时的），这就足够了。

育水平来定义这个阀值。他们发现，这种阀值的识别对于金融发展水平指标和估计方法相当敏感。更令人不安的是，在他们的71个样本中，绝大多数国家（包括20个发达国家）都在这一阀值以下，因而实际上受到了外国直接投资流入的负面影响[①]。它们没有进行其他分析来看一看利用金融发展水平（其候选指标）或受教育水平（Borensztein，De Gregorio，and Lee，1998）来定义这一阀值是不是更好。的确，这样的分析很难进行，这是由于存在一个基本的共线性问题（colinearity problem）：阀值变量相互之间可能高度相关，并且可能与任何经济发展指标高度相关。在利用阀值方法找出资本账户自由化的政策含义方面，这是一个严重的问题。

对文献最令人质疑的贡献大概是马里亚·卡克维克和罗斯·莱文（Maria Carkovic and Ross Levine，2005）进行的研究。他们将莱文（1997）使用的把广义矩方法的估计量用到了外国直接投资上，以成功地找出国内金融发展对经济增长的影响。基于1960~1995年间的72个国家样本，卡克维克和莱文（2005）发现，外国直接投资的外源性成分并没有对经济增长产生稳健、独立的影响，尤其是当贸易开放性被当成一种控制变量而引入时。即使是当外国直接投资与其他变量（金融发展水平或教育水平）相互作用时，这一点也是正确的，这令人对阀值效应是否存在产生了怀疑。两位学者认为，之前的结果被计量方法扭曲了，因为这些计量方法没有像广义矩方法那样对反向因果关系进行充分的控制。

近期的文献也强调了外国直接投资流入金融部门和流入非金

① 在其研究的第二部分中，工具变量的结果表明，有很大一部分国家从外国直接投资的流入中获益。

融部门之间存在着重要的细微差别。琳达·戈登伯格（Linda Goldberg，2007）认为，从制造业外国直接投资研究中得到的经验教训也适用于金融部门的外国直接投资。她发现，金融部门的外国直接投资一般来说都对作为新兴市场经济国家的接受国有着正向的影响，特别是通过加强国内监管的做法。金融部门外国直接投资有利的观点因近期的金融危机而受到质疑，尤其是在欧洲的新兴国家中。乔纳森·D. 奥斯特里、阿提什·高什、卡尔·哈勃米尔、马科斯·查蒙、马赫瓦什·库雷希和丹尼斯·雷恩哈特（Jonathan D. Ostry，Atish Ghosh，Karl Habermeier，Marcos Chamon，Mahvash Qureshi，and Dennis Reinhardt，2010）认为，一些被记录为金融部门外国直接投资的交易可能反而会成为金融企业内部债务产生的根源，因而在风险性方面与债务更加相似。

总而言之，经验证据表明，外国直接投资在某些国家中对国内企业具有正溢出效应，但是在不同国家或部门之间却很难以一种稳健的方式找出这种效应。很多研究人员发现，如果阀值条件存在，则外国直接投资流入对于经济增长存在着正向的影响，但不清楚这些研究是否对反向因果关系进行了足够的控制，且阀值条件的实证性识别是否仍然不清晰。

尽管缺少强有力的证据证明正溢出的存在，但国际社会认为外国直接投资是有益的。结果，很多国家都争相利用税收减免或者是设立经济特区的方式来吸引外国直接投资。这引发了一些担忧，担心吸引外国直接投资的国际竞争是否会在某些时候导致激励过度。

尽管如此，一些国家仍然可能会从放松对于外国直接投资流入的资本账户管制中受益。总体而言，我们还看不出发展中国家和新兴市场经济国家有什么好的理由来抑制外国直接投资流入。外国直接投资比其他类型的资本流动更加稳定，因而看起来不会对金融稳定性造成影响。另外，外国直接投资的流入往往会与更高的增长率相关，甚至可能会对经济增长产生具有因果关系的影响。某些类型的外国直接投资（特别是在采掘业中）可能会加重国内政治经济的扭曲和腐败，但恰当的补救办法是减少这些扭曲，而不是限制外国直接投资的流入。

实际上，一大批继续对外国直接投资流入实施管制的国家可能会从减少这些管制的做法中获益最大，如表 4.2 所示，该表列出了联合国贸易与发展会议的《世界投资报告》（*World Investment Reports*）中的数据。联合国贸易与发展会议根据外国直接投资流入的情况对国家进行了排名，排名的依据是一国在全球外国直接投资流入中所占份额与该国 GDP 在世界 GDP 中所占份额的比率。同时，它还根据不同国家吸引外资的潜力进行排名，使用的指标是有可能影响外国企业在一国进行投资的意愿的变量①。有意思的是，就我们的目标而言，联合国贸易与发展大会对于一国吸引外资潜力的指标不包括资本管制，所以实际情况和潜力之间的差距似乎可以归因于此类管制的存在。

对于我们拥有相关数据的 138 个国家中的每一个国家，我们都计算了一个“外国直接投资表现不佳指数”，用来表明这个国家的实际表现排名和潜力排名之间的差别。例如，韩国的这一指数为 105，因为根据联合国贸易与发展会议的指标，它在外国直接投资流入方面的表现排名 124 位，而在外国直接投资潜力方面

① 联合国贸易与发展会议采用了 GDP 增长率的正规化数值、人均 GDP、出口在 GDP 中所占的份额、每 1000 户居民所拥有的电话线路数量、人均商品能源使用量、研发支出占国民总收入的份额，大学生占总人口的比例以及一个国家风险指标的未加权平均值。

的排名为 19 位。该表格列出了拥有最高“表现不佳指数”的 10 个国家①。这个表格还列出了 2004 年每一个国家的外国直接投资债务与其 GDP 的比率，以及根据国际货币基金组织《汇兑安排和汇兑限制年报》，各个国家是否对于直接投资流入存在管制，或者是否对直接投资的清算存在管制。

表 4.2　外国直接投资表现不佳指数最高的 10 个国家

国家	2005~2007 年 FDI 表现不佳指数	2004 年 FDI 债务占 GDP 的比率（百分比）	2006 年对 FDI 的管制
韩国	105	9.4	是
科威特	105	0.6	是
伊朗	73	2.9	是
俄罗斯	65	19.7	是
白俄罗斯	64	9.1	是
斯洛文尼亚	63	28.1	否
利比亚	46	6.0	是
阿尔及利亚	31	9.4	是
印度	27	6.7	是
菲律宾	24	19.0	否

FDI = 外国直接投资

资料来源：UNCTAD *World Investment Report*；Lane and Milesi-Ferretti（2007）；International Monetary Fund，*Annual Report on Exchange Arrangements and Exchange Restrictions.*

在找出可能从进一步使外国直接投资自由化中获得最大收益的国家方面，这种方法似乎很有效。首先，除了两个国家之外，其他国家都对外国直接投资的流入实施管制。实际上，考虑到它们同样拥有相对高水平的外国直接投资负债，这两个不实施管制的国家（斯洛文尼亚和菲律宾）看起来比其他国家受到的限制更少一些。实施管制的 8 个国家外国直接投资负债平均只占 GDP 的 8%，这一数值远低于所有样本的平均值 58%。

---

① 我们排除了外国直接投资债务与总外债的比率和与 GDP 的比率高于平均水平的国家。这相当于用联合国贸易与投资会议基于存量的标准补充了基于流量的标准。

2 组合权益投资

我们所研究的资本流动的第二个组成部分是组合权益投资流动，这代表着一位投资者购买一项由某个外国企业持有的权益。权益投资者通常是一个金融中介（如共同基金），但也可以包括个人、捐赠基金、主权财富基金，甚至是一些想要持有其他企业少量股份而不是对其实施控制的企业①。

组合权益投资流动的规模

20 世纪 80 年代中期以前，除了马来西亚和南非以外，在发展中国家和新兴市场经济国家的国内权益市场上几乎没有外国投资。当然，发达国家之间交叉持股的权益投资在第一次世界大战之前就已经存在，但出于某些原因，这些投资并没能够像权益投资在发展中国家或新兴市场经济国家中那样吸引学术界的兴趣。在构成经济合作与发展组织（OECD）的发达国家之外的权益投资的出现在很大程度上是对外国投资者敞开大门的结果，这些政策是经过深思熟虑的，在 20 世纪 80 年代末和 90 年代初就有很多新兴市场经济国家开始实施这种政策。

国际货币基金组织对 1980 ~ 2010 年间组合权益资本向新兴市场经济国家流动的统计数据如表 4.3 所示。该表揭示了国家间不平衡的面板数据，也就是说，这张表包括该区域内在某个特定年

① 传统的、国际公认的外国直接投资和外国权益投资之间的界限是 10%：当一项购买使得一家公司的持股数量超过被投资公司股票的这一比例时，该项投资就被分类为外国直接投资；如果低于 10%，则被看成是外国权益投资。

份报告的所有国家；而平衡的面板数据仅限于报告期横跨了整个时间段的那些国家。该表显示，此类资本的第一次大规模流动发生在 1990 年之后，而在此之前的流动规模很小。与其他类型的资本流动相比，此类资本流动仍然是适度的，但在 2005 年之后显著增加。某些地区（尤其是中东和北非地区）经历了时不时的资本流出，但在 2008 年之后才第一次成为一种普遍现象。

表 4.3　1980～2010 年组合权益资本向新兴市场经济国家的流动（按地区划分）

单位：百万美元

地区	1980~1984	1985~1989	1990~1994	1995~1999	2000~2004
拉丁美洲和加勒比	-23	147	11285	2611	-3120
东亚和太平洋	27	501	1385	2185	8658
南亚	5	11	1807	2068	4703
中东和北非	-109	-624	62	90	-241
撒哈拉以南非洲	2	-269	-130	2816	-428
欧洲和中亚	n. a.	-24	351	1666	1184
合计	-98	-258	14760	11436	10756

地区	2005	2006	2007	2008	2009	2010
拉丁美洲和加勒比	6319	5732	17047	-14079	20598	35619
东亚和太平洋	25655	52593	14122	-10621	-9633	27570
南亚	12694	10773	34539	-15363	20711	39190
中东和北非	2277	-217	-4385	-11817	-3753	1163
撒哈拉以南非洲	3398	10816	3130	-18014	7193	4182
欧洲和中亚	5864	4556	14650	-12686	5264	2818
合计	56208	84252	79104	-82581	40380	110543

n. a. =无法获得

注：这是一个不平衡的面板，包括了在某一特定年份报告的所有国家。2005～2010 年的数据为年度数字，而其余的数据为平均值。

资料来源：International Monetary Fund, *International Financial Statistics*, July 2011.

如数据所显示的那样，组合权益资本主要流向两组新兴市场经济国家：拉丁美洲与加勒比地区和东亚地区的国家，这种流动出现于 1985～1989 年，并在 1990～1994 年间加剧。在此之后，这些区域走上了不同的发展道路。拉丁美洲与加勒比地区的经济发展并不顺利，资本流动变成了负的，直到2007年才有所恢复，而流向东亚地区的资本却以指数方式增长。实际上，亚洲金融危机只是在1997年的几个月里使资本流动变成了负值，之后它们的经济增长就得以恢复。

随着2007年拉丁美洲与加勒比地区资本流入的复苏，东亚地区的资本流入不断减少，甚至在2008年金融危机到来之前就出现了这种情况。21世纪的前10年间，南亚成为了组合权益资本的一个主要目的地。资本向中东和北非地区的流入没有规律，但也从未达到较大的规模。在危机之前，撒哈拉以南非洲地区成为了权益资本流动的一个重要目的地。欧洲和中亚地区在2007年经历了一次大规模的资本流入，并在次年迅速流出。

有一种理论认为，随着外逃的投资者压低权益的价格，资本流出会发生自我限制的现象，但这一理论没有能够预期到2008年金融危机期间的大量资本流出。这表明，国内的投资者比外国投资者更忠诚，他们可能会以稍低的价格从外国投资者手中购买股票，这就为外国投资者提供了国内资金，而这反过来又会对汇率产生向下的压力。

表4.4显示出了按地区统计的向投资者所支付的股利。不幸的是，这些资本流动的国家数据十分有限，但随着时间的推移不断增加，因此，在长期中股利支付的增加在某种程度上是统计上的结果，而不是经济现实。然而，尽管在2007年的净资源转移仍然是一个很大的正数，但股利支付从20世纪80年代低得可笑的水平提高到21世纪前10年末相当高的水平却是对现实的反映[1]。

---

① 从表4.3的总组合投资流入中减去表4.4中的总股利流出后会很明显。

当然，这在长期中是不真实的：为资本提供服务的成本最终会超过新资本流入的价值，这是投资的本质（实际上，这是债务周期理论的基础）。

表 4.4　1980～2010 年从新兴市场经济国家流出的股利（按地区划分）

单位：百万美元

地区	1980~1984	1985~1989	1990~1994	1995~1999	2000~2004
拉丁美洲和加勒比	-5	-4	-426	-2789	-2017
东亚和太平洋	n. a.	-143	-446	-773	-249
南亚	n. a.	n. a.	n. a.	-78	-228
中东和北非	-12	-20	-31	-92	-105
撒哈拉以南非洲	-617	-482	-336	-497	-1024
欧洲和中亚	n. a.	n. a.	-31	-96	-1121
合计	-634	-649	-1270	-4325	-4744

地区	2005	2006	2007	2008	2009	2010
拉丁美洲和加勒比	-3879	-5400	-6227	-9166	-7995	-7173
东亚和太平洋	-2055	-2269	-3978	-8052	-9128	-8049
南亚	-138	-156	-271	-232	-145	-211
中东和北非	-180	-125	-106	-160	-180	-102
撒哈拉以南非洲	-1860	-2063	-3029	-1598	-1185	-1520
欧洲和中亚	-2083	-2956	-4387	-5761	-3243	-5356
合计	-10195	-12968	-17999	-24969	-21876	-22410

n. a. = 无法获得

注：这是一个不平衡的面板数据，包括某一给定年份中报告的所有国家。2005～2010 年的数据是年度数字，而其余数据则是 5 年期的平均值。向国外支付的净股利，BOPS 代码 3340。本表中包含的国家如下：拉丁美洲和加勒比地区（12 个国家）：阿根廷、巴西、智利、哥斯达黎加、多米尼加共和国、厄瓜多尔、萨尔瓦多、墨西哥、巴拿马、巴拉圭、乌拉圭、委内瑞拉；东亚和太平洋地区（4 个国家）：中国、印度尼西亚、马来西亚、菲律宾；南亚地区（2 个国家）：孟加拉国、巴基斯坦；中东和北非地区（4 个国家）：埃及、摩洛哥、突尼斯、也门；撒哈拉以南非洲地区（9 个国家）：布基纳法索、科特迪瓦、肯尼亚、毛里求斯、南非、斯威士兰、坦桑尼亚、多哥、乌干达；欧洲和中亚地区（8 个国家）：保加利亚、格鲁吉亚、哈萨克斯坦、拉脱维亚、摩尔多瓦、罗马尼亚、俄罗斯、土耳其。

资料来源：International Monetary Fund, Balance of Payments Statistics (BOPS) database, July 2011.

组合权益投资流动的收益和成本

与权益资本流入自由化的成本和收益相关的研究相对较少。在这些研究中，彼得·亨利（Peter Henry）的著作脱颖而出，他是最早对此类自由化的后果进行全面分析的人之一。在其著作（Henry，2003）的概述中，他绘制了三个图形，如本书图 4.1、图 4.2 和图 4.3 所示。这些图形展示了 20 世纪 80 年代末期或 90 年代对权益资本流入开放的 18 个国家的平均表现，并提供了一些实证证据，这些证据支持这样一种观点：此类自由化降低了资本成本、增加了投资，并加速了经济增长[①]。亨利同时也指出，在组合权益的流出与流入同时开放的假设下，资本成本的降低是其模型的一个必然的理论结果，但随后他又注意到，这些现象也可能是同时进行其他改革的结果。

投资的增加也是一样：尽管这样一个结果是我们所期望的，但我们还是有必要看一看其他的研究以证明即使是在进行其他改革之后，投资自由化的实际影响也是正面的。也许最难以解决的是关于经济增长方面的问题，因为实证影响（2.3% 的增长率提高）实在太大了，无法仅仅用造成的投资增加来解释，因此一定是受到了其他改革的强化。很明显，这些实证结果与下面的假设一致：权益市场自由化对资本成本具有负面影响，对投资水平和增长率具有正面影响。但他们并没有证明这个结论，也没有确定其规模。

实际上，在以前的一次事件研究中，亨利就尝试过考虑其他

---

① 实际上，亨利所说的是“资本账户”的自由化，而不是“组合权益投资流入”的自由化，但在每一种情况下，第 0 年都是以资本流入股票市场的自由化为特征，而不是以完整的资本账户自由化为特征。因此，本书使用的这三幅图形的标题更加准确。

改革同时发生的情况（Henry，2000b），该研究在自由化前后的一个为期8个月的时间间隔内考察了资本自由进入股票市场所带来的影响（主要是在自由化之前）。在其12个新兴市场经济国家样本中，他发现，这些国家的股票市场经历了平均每个月4.7%的反常美元回报。在考虑了世界股票市场、经济政策（特别是经济稳定计划、贸易自由化、私有化和放松汇率管制）及宏观经济基本面之间的协同作用之后，平均超额回报率下跌到每月“仅”3.3%。这在统计上仍然是显著的。

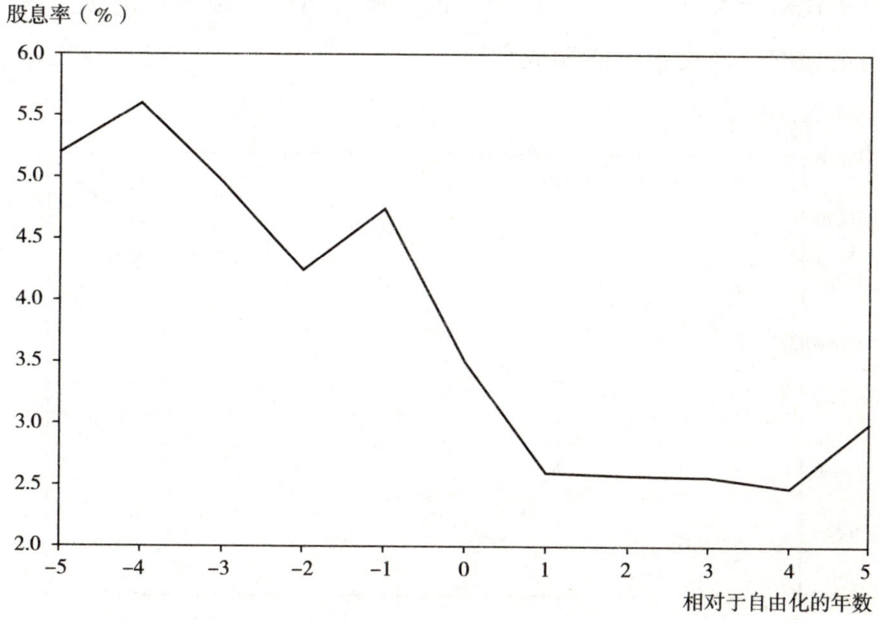

图4.1 各国开放组合权益投资流入后资本成本下降

注：本图中涵盖的18个国家和地区为：阿根廷、巴西、智利、哥伦比亚、印度、印度尼西亚、约旦、韩国、马来西亚、墨西哥、尼日利亚、巴基斯坦、菲律宾、中国台湾、泰国、土耳其、委内瑞拉和津巴布韦。

资料来源：Henry（2003），经授权翻印。

在另一篇文章中，亨利（2000a）试图建立权益资本流入自由化和其后投资增长之间的联系。他要解决的问题是：其他一些经济学家发现，即使是在一些被认为缺乏资本的国家中，资本账户的自由化也没有带来投资的永久性增加。亨利认为，理论表明，实际投资的增加是短暂的而不是永久性的，而随着组合权益投资流入的自由化，对实际投资暂时增加的预期肯定会得到满足。然而，对于“组合权益投资流入的自由化能够增加实际投资，而资本账户自由化却不能”这一发现还有另一种解释，这种解释专注于组合权益投资和债务之间的区别，而不是投资的暂时性增长与永久性增长之间的区别。在这种解释之下，债务流动的自由化对于实际投资是不利的，这大概是由受恐慌驱动的债务流出造成的，而这很可能酿成危机。

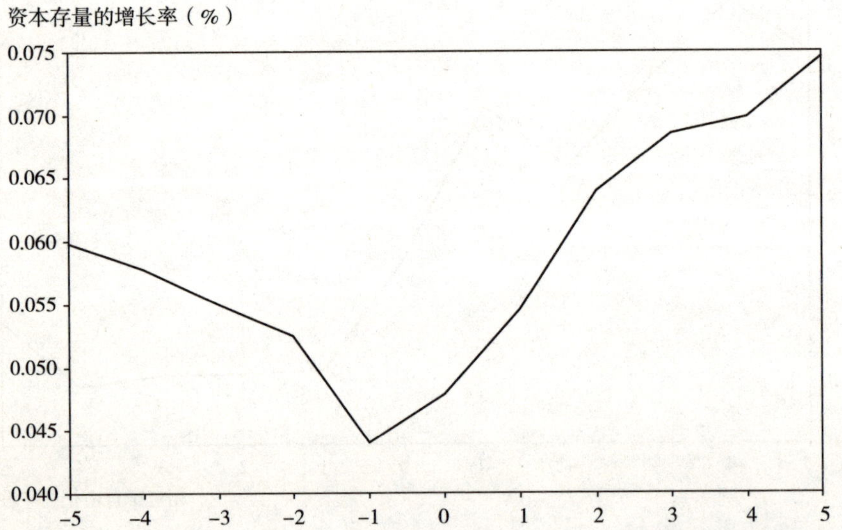

图 4.2　当各国开放组合权益投资流入后投资的高涨

注：涵盖的国家和地区请参见图 4.1 的注释。
资料来源：Henry（2003），经授权翻印。

吉尔特·贝卡尔特和坎贝尔·哈维（Geert Bekaert and Campbell Harvey，2000），以及贝卡尔特、哈维和克里斯蒂安·伦德布拉德（Bekaert，Harvey，and Christian Lundblad，2005，2006）的

分析进一步加强了亨利的研究成果①。他们还考察了允许外国投资者进入权益市场的影响［他们用来代表外国投资者进入股票市场的指标是国家基金的建立、美国存托凭证（ADRs）的发行，或者是来自美国投资者的资本流动的增加］。他们得出结论：此类资本进入降低了资本成本，因而对投资占 GDP 的比率以及对该国的增长潜力具有正面的影响（Bekaert and Harvey，2000）。经济的开放度（即贸易占 GDP 的比重）越高，这种增长的好处也就越大。

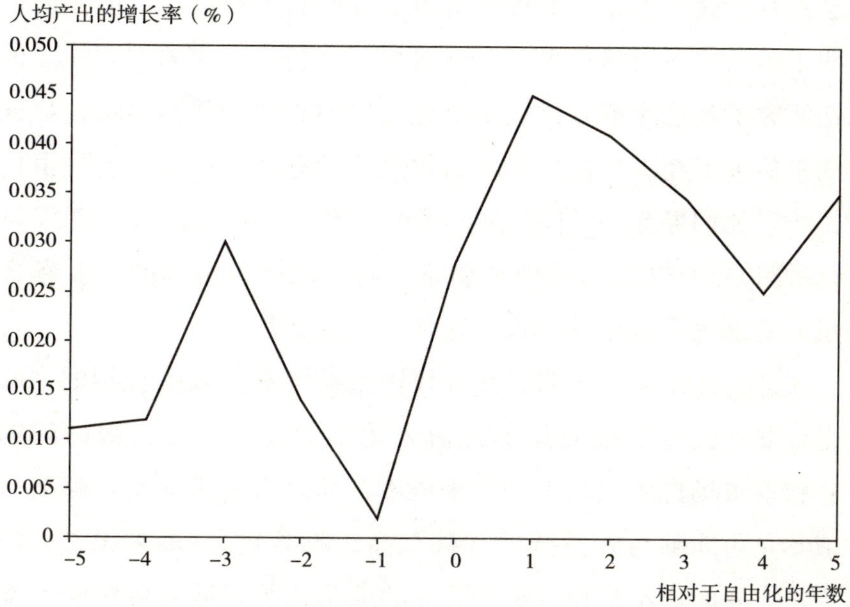

图 4.3　各国开放组合权益投资流入后人均产出增长率提高

注：涵盖的国家和地区请参见图 4.1 的注释。
资料来源：Henry（2003），经授权翻印。

贝卡尔特、哈维和伦德布拉德（2006）完善了对于这些课题的研究。他们的证据表明，实现股票市场进入的自由化会使以后 5 年每年的增长速度加快略高于 1%。对于替代贝卡尔特和哈维

① 另请参见米顿（Mitton，2006）。

(2000）所使用的另一个关于权益市场自由化的定义来说，这一证据是充足的。他们还发现，奎因和丰田（Quinn and Toyoda，2008）的资本账户自由化指标存在一个正系数，但在国际货币基金组织（2011）的相关研究中却不存在。这与下面的观点是一致的：任何形式的权益市场自由化对增长来说都是有益的，但允许债务自由流动除外[①]。他们检验了这是否是随之而来的商业周期造成的，但果断地排除了这种可能性。他们设计了一种经济增长机会指标，这一指标在解释经济增长方面的表现极佳，但他们也证明了引入这一指标几乎不会减弱权益市场自由化的重要性。他们还研究了其他改革方式以及金融发展的影响，并得出结论：这些因素促进了经济增长，同时弱化但并没有消除权益市场自由化的影响。他们断定（与其他证据相一致），在金融体系更成熟（无论是以银行部门的规模来衡量，还是以权益市场的营业额来衡量）且制度更健全的国家，这种影响会更大。

因此，证据强烈表明，允许外国权益资本流入是有利的，即使是以非外国直接投资的形式流入也是如此。一个关键的问题是：权益市场自由化是否会带来成本，如果会带来成本，那么这些成本是否能够与收益持平（甚至高于收益）。一般来说，人们认为，主要的成本是在危机中资本将会撤出的风险。传统的答案是：任何撤出资本的尝试都会导致股票市场的下跌（这种下跌能够自我抑制)，而不会引发对货币的挤兑（这将造成恶性循环）。这就引发了两个问题。第一，股票市场是否是体现固有风险的良好场所，或者说股票市场的稳定性是否是一个重要的目标？第

① 这假定了各国一般来说会在债务流动自由化之前对外国直接投资和组合权益投资流动实施自由化，因此奎因和丰田（2008）的指标体现出了后者，而国际货币基金组织的指标主要体现了债务流动自由化的影响。

二，是否有国内投资者在价格小幅下降的时候愿意从外国人手中购买股票，从而向外国投资者提供资金?

文献似乎没有提及第一个问题，即股票市场的稳定性是否重要。我们可以推测，股票市场是承受风险的一个适宜场所，因为尽管股票市场和实体经济之间存在着十分密切的联系，但这些联系体现在长期中。家庭消费是股票市场财富价值的函数，但就算是股票市场出现大幅变动，其短期影响也很小。同样，尽管投资依赖于资产的价格，但短期关系并不显著。结果，在短期内，从股票价格到实际活动的反馈是适度的，而对未来的不同观点则会对投资者持有股票的意愿具有重大影响。这看起来同样与科里耐克（Korinek，2010）的发现一致，即与债务流动相比，权益资本流动的负系统外部性更小一些。

第二个问题的最佳信息来源是：危机造成的组合权益投资外流是否引发了对外汇的抛售或股票市场的崩溃。从亚洲金融危机以及全球金融危机对印度所造成的影响来看，这两种影响是并存的。在这两种情况下，股票市场遭受重创，但同时也存在着货币的流出，而这种情况只会在本国投资者比外国投资者更加坚定时发生，因此才会把购买外汇所需的本国货币卖给外国投资者。这印证了2008年发生的大量组合权益投资流出这个事实。另一方面，2009年，组合权益投资流入大幅反弹，这意味着危机引致的资本流出是暂时的（在亚洲金融危机之后也出现了这种情况）。

3 银行资本流动

当发展中国家和新兴市场经济国家在20世纪70年代初首次

成为国际资本市场的主要借款者时，它们的借款形式主要是银行贷款。实际上，在20世纪70年代的后半期，人们普遍对将石油盈余转入发展中国家持赞同的观点。

石油输出国将其盈余存放在银行里，而银行向发展中国家发放中期贷款，这使得它们能够为其经常账户赤字融资，抵消石油输出国的经常账户盈余。总体来说，工业化国家和石油输出国之间存在着贸易赤字，而和发展中国家之间存在着贸易盈余，这使得它们能够将1973年油价上涨之后预计出现的石油赤字传递给其他国家。

1982年债务危机爆发之后，事实证明，银行贷款是一种极不稳定的资本来源，将银行作为中介来平衡全球的盈余和赤字是非常危险的。尽管表4.5中的统计数据表明资本流动的其他组成成分（也许除了外国直接投资之外）也具有很高的波动性（尤其是包含在“其他资本流动”中的资本流出），但这一点很快就成为了一种共识。

明确区分两种明显不同的银行资本流动十分重要：一种是国际银行向发展中国家提供的贷款，另一种是由于并购了某国银行而导致的资本由国际银行向该发展中国家的流动。后一种类型的资本流动被分类为外国直接投资；将其列入银行在发展中国家的投资类别中更恰当一些，但它在国际收支统计中没有被单独列出。表4.5特别列出了银行对发展中国家（这一类别中包含了我们现在所谓的新兴市场经济国家）的贷款，其中不包括银行向其设立在这些国家的分支机构和子公司注入的资金，但包括它们为这些分支机构和子公司提供的贷款。我们从检验这种资本流动的特点开始，提出一些政策建议，然后分析近期在发展中国家和新兴市场经济国家中银行投资的趋势。

表 4.5　1970～2010 年向新兴市场经济国家的净资本流动（按地区划分）

单位：百万美元

地区	1970～1974	1975～1979	1980～1984	1985～1989	1990～1994	1995～1999	2000～2004	2005～2009	2010
拉丁美洲和加勒比	358	14703	14692	-15157	37378	65384	21933	59815	132999
外国直接投资	-52	2504	5881	5380	13249	54133	54935	67003	56524
股票	-3	-23	147	11285	2611	-3120	7123	35619	
银行	68	2170	5598	-3796	737	-1417	-2822	-4504	35470
其他	343	10032	3235	-16888	12107	10057	-27061	-9807	5386
东亚和太平洋	205	2473	11142	13996	38309	31223	40393	91184	273664
外国直接投资	571	610	2171	4276	22124	51986	51072	123200	136485
股票	n. a.	2	27	501	1385	2185	8658	14423	27570
银行	27	616	372	537	4662	-5809	-4881	-11415	88200
其他	56	1244	8571	8683	10138	-17139	-14455	-35024	21409
南亚	n. a.	1533	3066	7694	10053	10202	12108	54094	69056
外国直接投资	n. a.	29	110	179	807	3460	4478	17784	14633
股票	n. a.	n. a.	5	11	1807	2068	4703	12671	39190
银行	n. a.	20	-5	83	934	416	3363	3679	6250
其他	n. a.	1485	2958	7421	6504	4258	-436	19959	8984
中东和北非	27	1126	427	4472	1546	-3431	-3179	6851	8663
外国直接投资	0	118	429	1283	1907	1059	3816	22012	6715
股票	n. a.	-96	-109	-624	62	90	-241	-3579	1163
银行	2	-147	91	-242	-842	1263	-777	3278	5441
其他	25	1213	15	4056	419	-5843	-5978	-14861	-4656
撒哈拉以南非洲	27	2923	4422	-2759	-3225	3612	-6393	16365	14265

续表

地区	1970～1974	1975～1979	1980～1984	1985～1989	1990～1994	1995～1999	2000～2004	2005～2009	2010
外国直接投资	－14	534	663	1143	1118	4085	10167	19895	15095
股票	4	15	2	－269	－130	2816	－428	1305	4182
银行	－89	79	－11	96	－853	－324	－2947	2593	－4009
其他	126	2294	3767	－3729	－3361	－2964	－13184	－7428	－1002
欧洲和中亚	76	3616	－2398	－4698	－7536	10420	17857	106400	72443
外国直接投资	64	54	74	269	2002	12583	19505	71010	22180
股票	n. a.	n. a.	n. a.	－24	351	1666	1184	3530	2818
银行	25	2303	－1141	－4192	－3566	4277	2584	26332	34312
其他	35	1259	－1332	－760	－6323	－8106	－5417	5528	13132
全体新兴市场经济国家	693	26374	31351	3548	76525	117410	82719	334709	571091
外国直接投资	569	3849	9328	12530	41207	127306	143973	320905	251631
股票	3	－82	－98	－258	14760	11436	10756	35472	110543
银行	33	5041	4904	－7514	1072	－1594	－5480	19964	165663
其他	585	17527	17214	－1217	19484	－19737	－66531	－41632	43254

n. a = 无法获得

注：这是一个不平衡的面板数据，包括了一个给定年份中的所有国家，2010 年的数据为年度数据，而其余数据则是 5 年期的平均值。资本净流入被定义为国际货币基金组织负债减去资产的变化，因此负的流入意味着净流出。本表中，“净”这一概念是指外国人购买特定类别中资产的净值减去外国人在该类别中的净销售。总流量取自“国际收支统计”中未另列明的金融账户（外国直接投资、权益投资、金融衍生品和其他投资的净值之和）。银行代表来自其他投资子类别的流动，其中其他投资是金融账户的一个子项。其他流动被定义为未另列明的金融账户减去相应的外国直接投资、权益投资和银行资本流动的净值。其他流动包括组合债务、衍生品、存款、贷款和贸易信用。更多的信息请参见《国际金融统计》（*International Financial Statistics*）的引言。本表涵盖的国家请参见表 1. 1。

资料来源：International Monetary Fund, *International Financial Statistics*, July 2011.

银行向发展中国家及新兴市场经济国家的贷款

我们在表 4.6 中列出了国际货币基金组织关于银行向发展中国家和新兴市场经济国家提供贷款的数字。在 1974 年之后，银行成为了一个重要的资本来源。一开始，尽管社会主义政党还在执政，但欧洲和中亚仍然是最大的接受者。然而，甚至在 1982 年债务危机发生之前，这些资本流动就出现了逆转。在 20 世纪 70 年代，资本向拉丁美洲的流动十分强劲，并一直持续到 1982 年债务危机的发生。在那之后，由于存在着银行被迫借出的非自愿贷款（为了他们共同的自身利益），资本流入被夸大了。但是，在 20 世纪 80 年代期间，这类借款不断减少，在 80 年代后 5 年，资本流入变成了负值。除了在 20 世纪 90 年代早期出现过适度的资本流入之外，从 1990 年始的所有 5 年期中，拉丁美洲和加勒比地区一直在经历净资本流出。

20 世纪 70 年代，东亚地区也成为了银行贷款的一个重要目的地。在随后发生的债务危机中，这一地区也深受其害，但并不像拉丁美洲那样严重。20 世纪 80 年代末，这一地区出现了微不足道的资本流出，随后出现了大量的资本流入，并一直持续到 1997 年亚洲金融危机爆发。尽管在 2000 年之后的 10 年中（除 2006 年之外）资本流入仍然保持负值这一事实可能反映了这些国家差不多都积累了大量的经常账户盈余，但最初这种急剧下降毫无疑问是由于银行试图从这一地区撤出资本造成的。我们有理由认为，这会导致国有企业停止向外国银行借款，并转而向本国银行寻求贷款。

表 4.6　**1970～2010 年银行资金向发展中国家的流动（按地区划分）**　单位：百万美元

地区	1970～1974	1975～1979	1980～1984	1985～1989	1990～1994	1995～1999	2000～2004
拉丁美洲和加勒比	68	2170	5598	-3796	737	-1417	-2822
东亚和太平洋	27	616	372	537	4662	-5809	-4881
南亚	n. a.	20	-5	83	934	416	3363
中东和北非	2	-147	91	-242	-842	1263	-777
撒哈拉以南非洲	-89	79	-11	96	-853	-324	-2947
欧洲和中亚	25	2303	-1141	-4192	-3566	4277	2584
总计	33	5041	4904	-7514	1072	-1594	-5480
地区	2005	2006	2007	2008	2009	2010	
拉丁美洲和加勒比	-7875	-12090	10369	-948	-11977	35470	
东亚和太平洋	-24415	11663	-24158	-38595	18429	88200	
南亚	4257	5	8630	6601	-1097	6250	
中东和北非	26	-8737	-1078	19832	6349	5441	
撒哈拉以南非洲	-1089	-5040	7925	12051	-881	-4009	
欧洲和中亚	33413	55647	86871	389	-44658	34312	
总计	4316	41448	88559	-670	-33835	165663	

n. a. =无法获得

注：这是一个不平衡的面板数据，包括在某一特定年份报告的所有国家。2005～2010 年的数据是年度数字，而其他数据则是 5 年期的年度平均。净资本流动被定义为国际货币基金组织负债减去资产的变化，因此负的流入表示净流出。在本表中，“净”的含义是外国人购买的银行资产减去外国人卖出的银行资产。银行的资本流动是其他投资（other investment，OI）的一个子类别，而其他投资是金融账户的一个子类别。更多的信息可以在《国际金融统计》的导言一章中找到。本表涵盖的国家请参见表 1.1。

资料来源：International Monetary Fund，*International Financial Statistics*，July 2011.

尽管近年来南亚地区的借款数量很大，但这一地区从未吸收过大规模的银行贷款。中东和北非地区的海外银行借款几乎没有增加：有时候资本流动规模相当大，尤其是在 2008 年，当时向中东和北非地区的资本流入多于向其他地区的资本流入。直到 21 世纪前 10 年中期之前，撒哈拉以南非洲一直是规模很小的借款人，此后资本流入显著增加，直到 2008 年雷曼兄弟公司倒闭，这一事件导致了 2009 年的资本流出。

真正引人注目的是欧洲和中亚地区。在 20 世纪 90 年代初共产党执政末期以及转型期开始之初，这一地区经历了银行贷款的净流出，但是在 20 世纪 90 年代末就开始出现净流入。2005 年之后，流入量变得十分巨大，流入的形式主要是向奥地利、意大利和瑞典银行在当地的子公司和分支机构提供的贷款。在危机发生前，这种特大规模的资本流入引发了大量的警告，而实际上，在全球金融危机爆发后，这一地区经历的衰退比世界其他地区要严重得多。不管是不是这样，在危机期间，这些国家实施的固定汇率体制仍然被保留了下来。

从数据中我们可以观察到三个最主要的现象。第一个现象是：在长期中，银行向发展中国家和新兴市场经济国家的贷款呈现出急剧上升的趋势。在 20 世纪 70 年代后期，每一年的资本流入大约在 50 亿美元左右——这一数字比 10 年前要大得多——在以后的 25 年中（截止到 2007 年），这些流入增长到了原来的 10 倍。通货膨胀可以部分解释这种爆炸式增长，但在这一期间，价格并没有上涨 10 倍。

第二个现象是：银行对发展中国家和新兴市场经济国家的贷款具有很大的波动性。根据圭勒莫·卡尔沃（Guillermo Calvo，1998）的说法，银行资本流动表现出了一系列的“突然停顿”。

这些地区的经济盛衰清楚地在银行贷款流动中体现了出来，包括拉丁美洲债务危机（1982 年开始）、亚洲金融危机（1997 年开始）、拉丁美洲“失去的 5 年”（1998 ~ 2002 年），以及大衰退(2008 年出现苗头)，并且受到了当时占主导地位的银行借款人——欧洲和中亚地区的严重影响。然而，值得注意的是，即使是在 2008 年，资本向欧洲和中亚地区的流动依然是正的，这与其他受金融危机影响地区出现大规模资本流出的现象形成了鲜明的对比。这意味着，与银行贷款流向独立的企业相比，银行贷款流向子公司时可能会更加稳定。当然，这一结论存在着两个需要注意的问题：这一地区的政府都没有被看成是对银行系统的威胁，就如 2002 年的阿根廷政府一样，而在接下来的 2009 年中，该地区发生了大规模的银行资本流出。

第三个现象是：银行贷款的水平在不同地区差别很大。在向欧洲和中亚地区的贷款出现下滑后，拉丁美洲和加勒比地区成为了最大的银行借款人，尽管近年来资本流入出现了显著的复苏，但在 1982 年债务危机之后，它就从来没有恢复到以前的主导地位。在债务危机之后，东亚地区成了银行贷款的最大接收者，并一直持续到 1997 年亚洲金融危机爆发之前，而此后资本流入的复苏都是暂时性的。在共产党执政的全盛时期，资本向欧洲和中亚地区的流入规模相当大，但是在 1980 年之后便逐渐减弱，直到 1995 年转型开始之后才出现复苏。然而，在西欧银行并购了该地区的大部分银行系统之后，欧洲和中亚地区经历了规模巨大的资本流入，并且直到 2009 年才开始变为负值。即便是南亚和撒哈拉以南非洲地区，近年来也经历了大量的资本流入。相比之下，除了 2008 ~ 2009 年出现了大规模的资本流入之外（这可能是由该时期高油价盛行所导致的，尽管还不清楚这是通过哪种机制实现的），向中东和北非地区的资本流入并没有什么明显的趋势。

1982 年开始的债务危机首次揭示出银行是一种十分不稳定的资本来源。在 1997 年亚洲金融危机期间，银行资本流出这一地区进一步证实了这种观点，而这与在经济危机期间一直保持稳定的外国直接投资流动形成了鲜明的对比。在 2008 年雷曼兄弟公司倒闭之后，尽管与发达国家相比，发展中国家和新兴市场经济国家受害程度较低（主要是因为银行资本占其资本输入的份额非常小），但所有国家都深受银行资本流动的极端波动之害（Milesi-Ferretti and Tille，2011）。然而，在雷曼兄弟公司倒闭之后，银行资本向发展中国家和新兴市场经济国家的流动也出现了短暂、急剧的收缩。

除了有可能突然停止之外，还有一种风险与银行贷款相关：它几乎总是以外币计价。这意味着，如果借款国的货币贬值（这是对资本流动突然停止的一种合理反应），那么按本国货币计算的贷款的数额就会增加。在拉丁美洲危机期间，当时压倒一切的问题被认为是自愿货币流入不足，而这一特点几乎没有被注意到，但在亚洲金融危机期间，它就被看成是问题的一个主要部分了。

形成这一反差的可能原因是在 20 世纪 80 年代，发展中国家和新兴市场经济国家以贷款国货币借款被认为是理所当然的，但这种观念在 20 世纪 90 年代发生了改变（事实证明，在大衰退期间，被诱发的债务膨胀并不算是一个大问题，这或许是因为发展中国家和新兴市场经济国家货币的贬值仅仅是暂时的）。

银行对发展中国家和新兴市场经济国家的投资

除法国、德国、英国和美国之外，外国银行的建立在大多数国家的金融发展中都发挥了核心作用（Goldsmith，1969）。外国银行的设立是由英国在19世纪上半叶最先发起的。法国和德国在19世纪80年代紧随其后，而美国则要更晚一些，直到第一次世界大战之后才开始在国外设立银行。但是，由外国银行持有的存款比例在1914年之前达到了顶峰，在第二次世界大战之后降到了一个极低的水平，以至于主流理论认为，这些分支机构（几乎是全部的）主要为那些来自母国、恰好在东道国从事贸易或居住在东道国的人或公司提供服务（Aliber，1984）。只是在近些年中，作为全球化趋势的一个方面，人们才普遍认为，由于跨国银行在其母国市场中开发出了管理技术与营销专长，使得它们在外国市场中提供银行服务时具有竞争优势（Grubel，1977）。直到20世纪90年代，才有一大批银行意识到这些机会的存在，并努力去发掘这些机会。

传统上，发展中国家和新兴市场经济国家金融部门的外国直接投资（Financial-sector FDI，FSFDI）是用兼并和收购的统计数据来度量的。根据迪特里希·多曼斯基（Dietrich Domanski，2005）的观点，金融部门的外国直接投资从1991~1995年期间较低的25亿美元上涨到了1996~2000年间的515亿美元，而在2001年至2005年10月间保持了稳定的水平（这些是我们了解到的最新统计数据）。根据麦里锡—法拉蒂和泰利（Milesi-Ferretti and Tille，2011，302）的统计，在2007年世界金融危机前夕，大约有52%的外国银行要求发展中国家从跨国银行的本地分支机构借款。

对于接受金融部门外国直接投资最多的三个主要地区，多曼斯基（Domanski，2005）对资本流入的特点进行了一些有意思的对比。在流入量最大的拉丁美洲地区，最大的份额来自于试图建立区域性网络的西班牙银行。紧随其后的是大型跨国银行，它们的目标是建立全球性特许权。在中欧和东欧地区，资本流入同样主要来自银行——大多数来自奥地利的银行，但也有一些来自意大利和瑞典的银行——其目标基本上是建立地区性的网络。只有在亚洲（后来的大多数资本流入发生在这里），银行的主要动机才是利用有图可图的投资机会，其流入形式或者是地区内部的流动（具体而言，就是来自于中国香港或者新加坡的银行），或者来自于非银行机构（如金融公司或者权益基金）。危机为拉丁美洲和亚洲两地的金融部门外国直接投资增长提供了重要的动力，而在欧洲，其主要的激励则是由向市场经济转型过程中的私有化提供的。

到 2004 年，外国银行已经成为了很多发展中国家和新兴市场经济国家金融体系的一个重要组成部分，如表 4.6 中的数据所示。一个核心的问题是：外国银行在发展中国家和新兴市场经济国家的投资是否能够提升东道国金融部门的效率，从而加速经济发展的进程。早期的研究（如 Goldsmith，1969，McKinnon，1973，and Levine 1997）表明，外国金融中介从总体上而言是有益的，但是它们并没有解决外国银行相对于其他金融中介的适当性（aptness）问题。近期的一些研究特别专注于由外国银行进行投资是否具有优势。考察银行在其他发达国家投资收益的研究（如 Berger 等，2000）倾向于认为：一般来说，本国企业而不是外国企业更具优势。但即便是这样的观点也没有把握住我们最关心的问题。

或许，讨论外国所有银行相对赢利能力的第一篇论文是由阿斯利·德米尔古克—昆特和哈利·赫伊津哈（Asli Demirgüç-Kunt and Harry Huizinga，1999）发表的。他们使用 1988～1995 年间 80

个国家银行层面的数据进行分析研究，并得出结论：与国内银行相比，外国银行在发展中国家拥有较高的利润率和赢利能力，在发达国家则拥有较低的利润率和赢利能力。一种可能的解释是：在发展中国家，外国银行一般不受信用分配规则的限制，但这些规则对发展中国家的国内银行制造了很多障碍，而在发达国家，外国银行倾向于更加注重增长。

由这些作者参与的一项后续研究考察了一系列更加广泛的问题（Claessens，Demirgüç-Kunt，and Huizinga，2000）。这项研究使用了同样的数据集，涵盖了大约7900个银行一年的数据。他们进一步巩固了德米尔古克—昆特和赫伊津哈（1999）的结论，即在发展中国家，外国银行比本国银行能够获取更高的利润率，而在发达国家，外国银行比本国银行所获得利润率更低。这项研究还估计了外国银行的进入对国内银行的绩效产生的影响。研究结果显示，当一国银行中的外国所有权所占比重较大时，则会对降低银行的赢利能力、非利息收入和管理费用具有显著的影响，作者将这一现象解释为外国银行的进入提高了效率。他们发现，当外国银行在银行体系中的所有权份额较大时，也会产生类似的但不太显著的影响，他们认为，外国银行进入的有利影响是通过诸如展现更先进的技术并鼓励更严格的监管等因素实现的，这些影响取决于外国银行的存在，而不取决于它们的规模。

另一项更加广泛的研究是由菲利克斯·艾森巴赫、约瑟夫·弗朗索瓦和卢德格尔·舒克奈彻（Felix Eschenbach，Joseph Francois，and Ludger Schuknecht，2000）进行的。他们注意到，在雷蒙德·戈尔德史密斯（Raymond Goldsmith，1969）和罗纳德·麦金农（Ronald Mckinnon，1973）的文章发表之前，金融系统在经济增长过程中所扮演的角色被看成是动员储蓄的手段之一，然后被动地将储蓄转化为“投资”。现代的观点（Levine，1997）认为，一个良好的金融体系能够跨越时间和空间来优化资源配置。金融市场和金融中介可以分担风险，并开发出一些可以交易的金融工具，这些金融工具会刺激在能够推动增长但风险较大的活动上的投资。它们使得个体储蓄者和/或投资者能够持有多样化的、风险较低且流动性更大的投资组合，同时仍能够为高风险的企业融资。金融中介提供了关于不同投资机会相对优势的信息，并对企业的管理者进行监督。

最后，通过对贸易进行融资并提供支付系统，银行促进了商品和服务的交易。银行的这些功能可能会促进经济增长，其途径或者是增加资本积累的数量，或者将资本配置到生产率更高的企业中。

艾森巴赫、弗朗索瓦和舒克奈彻（2000）还进行了一次标准的跨国经济增长回归，意在考察在金融服务领域中贸易所带来的好处。结果表明，开放的（因而竞争可能更激烈）金融部门可能是与增长最密切相关的变量之一。这让他们得出结论，认为金融服务贸易促进了经济的增长。的确，关注的焦点是一般性的金融服务贸易，而不是具体的对银行的投资，但是，外国银行实际上是金融服务交易的杰出形式，这一点也是正确的。然而，他们的分析没有注意到或者没有考虑到反向因果关系的可能性。

阿道夫·巴拉哈斯、娜塔莉亚·萨拉萨尔和罗伯特·斯特纳（Adolfo Barajas，Natalia Salazar，and Roberto Steiner，2000）研究了20世纪90年代初哥伦比亚允许外国金融机构自由进入所造成的影响。在追踪了哥伦比亚对于这一问题的政策变动之后，他们进行了一次面板数据的回归分析，把金融中介的利息差额（spreads）解释为一系列变量的函数，这些变量包括微观经济指标、银行部门的虚拟变量、自由化和进入许可变量，以及宏观经济环境变量。他们观察到：

> ……这些结果充分证明了外国银行的进入具有有利的影响。无论是采用市场渗透率指标还是采用数字渗透率指标（number penetration indicator），外国银行的进入在降低利息差额、减少非金融成本和提高贷款质量（减少不良贷款的百分比）方面都具有显著的效果。（p. 376）

这一初步分析得到了其他三个回归分析的补充，其中一个回归承认了在外国银行进入发生期间其他自由化措施会产生影响的可能性，另外两个分别考虑了对本国银行和外国银行的影响。作者作出结论，初步的证据倾向于夸大外国银行进入所带来的好处，因为其他方面的因素也同样重要——特别是国内银行进入的增加、资本账户自由化，以及管制和监督的改善——但外国银行的进入仍然扮演着十分重要的角色。

赛乌戴特·丹尼泽（Cevdet Denizer，2000）对外国银行的进入对土耳其银行系统的影响进行了研究。在1980年的危机之后，当土耳其开始实行经济自由化政策的时候，其境内仅有四家外国银行，十年之后这一数字增至23个，但其中几家外国银行在20世纪90年代被挤出了土耳其。这项研究中的回归分析表明，外国银行加剧了竞争，并降低了国内银行的赢利能力。在对资产收益率进行通货膨胀调整后，这些结果就更加显著。这些结果还表明，外国银行的进入会对金融部门发展的各种定性维度产生积极的影响。

珍妮佛·克里斯托、吉拉德·达吉斯和琳达·哥德伯格

(Jennifer Crystal, Gerard Dages, and Linda Goldberg, 2011) 考察了拉丁美洲是否从 20 世纪 90 年代外国银行收购其本国银行的浪潮中获益。他们对该地区的外国银行同七个大国的国内私有银行和国有银行的绩效进行了对比。结果表明，在外国收购发生后的五年内，外国所有银行的 BFSRs（穆迪银行财务实力评级）略有提升，而与国内的银行相比，这种提升更大一些。阿根廷、智利和哥伦比亚的数据更详细一些，可以进行更广泛的比较。研究并没揭示出显著的差别，只是说明了国有银行的绩效很差，但是，与国内私有银行相比，外国银行始终表现出较高的平均贷款增长率、贷款准备金、平均回收率、风险资本比率，但总体赢利能力却与之类似或更低。作者认为，高贷款准备金反驳了"摘樱桃"(cherry-picking) 理论（外国银行专门对低风险的借款人发放贷款，迫使国内放款人接受较高的风险）。他们认为，自己的发现与下列观点是一致的：外国银行拥有先进的技术，它们利用这些技术来从事风险更低的放款业务。

唐纳德 · 马西森和乔治 · 罗尔多斯 (Donald Mathieson and Jorge Roldós, 2011) 对外国银行在新兴市场经济国家的活动进行了更宽泛的描述，而这些活动在 20 世纪 90 年代明显增加。他们发现，较高的赢利能力倾向于增加外国银行的投资，这就像国内银行高不良贷款率、最近的银行业危机和更好的宏观经济条件一样。他们列出了一些需要讨论的问题，而这些问题已经成为讨论外国银行所带来的潜在成本和收益的标准：银行业技术广泛提高的潜力与外国银行挑选最佳债务人的风险；来自于外国银行的潜在稳定性（外国银行不太容易受到东道国自身冲击的影响）；存款人把存款转移到外国银行的能力（这种能力可以避免在危机期间对货币的挤兑）；外国银行迫使国内金融机构为生存链而走险的潜在风险；外国银行逃离的能力；外国银行逃避母国和东道国当局监督的潜在风险。事实上，这篇论文预期到了在近期的危机中发生的事情，作者发现，外国银行可以利用场外交易的衍生品来逃避有效的监督，但他们开出的处方是监管者应该了解所有这些产品，而不是有效地禁止它们。关于外国银行是否加剧了“银行规模太大，因而不能倒闭”这一问题，至今还没有定论。

在同一著作中，由迈克尔·鲍默里诺和乔治·J. 沃伊塔（Michael Pomerleano and George J. Vojta，2001）所写的后续章节没有对马西森和罗尔多斯（2001）提出的外国银行的存在是否能够带来好处的问题提出质疑。鲍默里诺和沃伊塔描述了外国银行和国内银行所采用的各种战略，他们发现，为了其经营跨国企业的同胞的利益，一些银行仍然保留了在国外的运营，但它们或者将高端商业银行市场作为其目标，或者主要从事投资银行业务。一些国内银行效法外国同行的做法，但它们大多或者调整它们在企业部门中的作用，或者专注于零售业务和中小企业。他们发现，对于需要全球平台的产品（如外汇交易和银团贷款），外国银行具有特别的优势，而国内银行在诸如提供资金和专门知识等需要本地能力的产品上具有优势。他们的结论以如下所述的对外国银行的支持作为开始：

> 本文提供的证据表明，国内决策者应当欢迎外国银行。银行业目前的发展趋势是全球金融服务不断向大约20个全球金融巨头集中。这些机构有能力提供最大范围的产品和服务、进行最大规模的投资、管理大多数信息，并最有效地降低成本和风险。它们提供了一个无法超越的水平……（p. 91）

乔治·克拉克、罗伯特·卡尔和马丁内兹·佩里亚（George Clarke，Robert Cull，and Martinez Peria，2001）报告了针对银行信贷用户的一次大规模调查的结果。他们发现，外国银行对中小企业发放贷款的百分比的确较低，但中小企业并没有因为外国银行的进入而遭受损失，因为这种影响早已被两个相反的因素所抵消：由于竞争加剧导致的银行系统的整体改善，以及由于外国银行的进入和其他银行的贷款向中小企业的转移而带来的稳定性和效率的提高。然而，克拉克、卡尔和佩里亚得出结论，外国银行进入给大企业带来的收益高于给小企业带来的收益。

阿提夫·米安（Atif Mian，2003）发现，本国银行和私有银行尽管具有各不相同的优势，但它们的赢利能力却很相似，他把这一发现归因于外国银行利用本国总部的流动性来降低其存款成本的能力。他认为，管理上的差距和当地文化限制了外国银行向那些能够提供“硬信息”的借款人发放贷款，但对于那些依赖“软信息”（通常只有那些与放款人来自同一文化的人才能接受这些信息）的放款人来说回报率更高。

泛美开发银行（IDB）分析了商业银行对拉丁美洲的贷款（IDB，2004）。事实上，该分析是泛美开发银行后续《经济与社会发展报告》（IDB，2005）的基础。这份报告详细考察了外国银行业务在该区域内的增加。它发现，外国银行的进入扩张了信贷（尽管严重偏向大型企业），外国银行比国内银行的效率更高，而且它们的净中介利润更低（它们能够承受更低的利润，是因为它们的管理费用更低）。

然而，该研究还发现，在经济受到全面冲击时，外国银行可能会利用其高超的退出策略。它们也可能会将来自母国的冲击转移到东道国。另一方面，如果东道国因储蓄下降而出现恐慌，包括人们由于缺乏信心而去挤兑存款，外国银行也不会像国内银行那样倾向于减少贷款。出现这一现象的部分原因是它们可能能够利用国外的资源，部分原因是挤兑存款不大可能包括外国银行，因为存款人对它们更加信任。

亚历杭德罗·米可、乌戈·帕尼扎和莫妮卡·亚涅斯（Alejandro Micco，Ugo Panizza，and Mónica Yañez，2004）建立了一个关于银行所有权及其绩效的数据集，该数据集来自1995～2002年间对119个国家进行观察得到的大约50000条数据。他们的目的是获得更全面的数据集，以重新检验文献中所提出的一些命题。通过比较中值，他们确定，在发展中国家，外国银行比国内私有银行具有更高的赢利能力，但在发达国家，其赢利能力却较低。

然而，他们还推断，虽然以上结论从总体上来说是正确的，但并非对于每一个地区都正确，尤其是对于拉丁美洲来说是不正确的（与泛美开发银行2005年的结论相矛盾）。他们的结论是：与国内私有银行相比，外国银行在管理费用、聘用人员和分支机构数量等方面更有效率。他们证实了德米尔古克—昆特和赫伊津哈（1999）关于私有化和向外国所有转型所产生影响的结论，表明外国银行倾向于收购那些原先赢利能力较低的国内银行。然而，他们并没有复制克拉森、德米尔古克—昆特和赫伊津哈（2001）关于外资银行进入能够给国内银行体系带来好处的结论。

约翰·博宁、伊夫特哈尔·哈桑和保罗·瓦赫特尔（John Bonin，Iftekhar Hasan，and Paul Wachtel，2005）针对1996～2000年间11个转型国家的所有权性质对效率的影响进行了研究。他们发现，外国所有的银行成本效益更高，并能够提供更好的服务。

拉蒙·莫雷诺和奥古斯丁·维拉（Ramon Moreno and Augustin Villar，2005）根据国际清算银行（BIS）的数据对21世纪第一个十年中期发生的外国银行投资进行了权威的总结。他们理所当然地认为，出于效率和竞争力的原因，外国银行对新兴市场经济国家更具重大吸引力。他们注意到，外国银行一直在进行战略重点的转移，从专注于母国的企业客户转向努力在当地市场寻找商业机会。他们还注意到了一种趋势，即这类银行用当地分支机构发放的当地货币借款来替代以美元计价的母公司资金的转贷(但他们注意到，这意味着由这些银行带来的外国资本会减少)。他们发现，外国渗透的程度在不同地区有着很大的差异，而在当时，这种差异在拉丁美洲和中欧地区非常显著，而在亚洲地区则要小一些。他们认为，在银行业危机期间，外国银行的存在具有特殊的价值，因为它们渗透到世界各地，而不是仅仅暴露在东道国的危机之下。他们引述了国际清算银行进行的实证研究，这项研究证明了外国银行能够起到一定的稳定作用，并对2001年阿根廷经济危机中外国银行没有起到稳定作用表示不解。他们列出了潜在风险的四个主要来源：第一，当外国银行不受东道国监管的时候，本地的监管者就只能获得较少的信息。第二，母国的冲击可能会被传导至东道国（但他们认为，与令东道国的借款人通过与母国进行独立的银行交易获得等量资金相比，这一缺点并不是非常严重)。第三，银行可能不会因为其将外汇贷款延伸到非贸易部门的客户而受到处罚。第四，他们担心外国银行的进入会减少竞争。这一点相当令人吃惊，因为它与大多数公开发表的材料相悖。

拉尔夫·迪·哈斯和伊曼·冯·莱利维尔德（Ralph De Haas and Iman Van Lelyveld，2006）对在中欧和东欧的外国所有的银行在周期性事件和银行危机中的反应是否与国内银行有所不同这一课题进行了实证研究。他们的面板数据集涵盖了1993~2000年期间的250家银行。他们发现了一些显著的差别（至少是在一些新成立的外国银行中）。在危机期间，国内银行会收缩其信用基础，而新成立的外国银行则不然。在母国经济增长和东道国新成立的外国银行提供的信贷之间存在着显著的负相关关系。

马里亚桑塔·吉安尼提和史蒂文·昂基那（Mariassunta Gianetti and Steven Ongena，2009）研究了外国银行的进入对于小型企业和新建企业的影响。他们使用了东欧各国多达6万个企业一年度的观察值，以评估外国银行贷款对企业增长和融资的不同影响。他们发现，一般来说，外国银行贷款能够刺激企业销售额和资产的增长以及对金融债务的利用。对于小企业来说，这种影响比较弱，而对于新建立的企业来说，这种影响则比较强。

根据墨西哥银行的数据，胡安·卡德纳斯、胡安·巴勃罗·格拉夫和帕斯夸尔·O'道格赫提（Juan Cárdenas，Juan Pablo Graf，and Pascual O'Dogherty，2003）承认，借助新技术带来的效率提高、竞争的加剧、较少受到东道国压力的影响，以及进行关联性贷款的可能性较小等，外国银行可以带来重大收益。另一方面，他们认为，在面临困境的时候，外国银行更有可能迅速撤离，因为它们拥有更多的外国投资机会，与当地股东相比，它们在处理其金融投资时面临的问题更少，这会使东道国的经济更容易受到世界其他地方所发生事件的影响①。另外，尽管外国所有的银行享有更高的信用评级，但外国所有权并不能保证获得支持——例如，在2001年阿根廷金融危机期间，一些外国银行并没有支持它们设在阿根廷的分支机构。许多全球性金融企业越来越关注运营（如风险管理），而在以前这是设立在全球金融中心

① 这涉及与当地银行的比较；他们一致认为，与境外的跨国银行放款相比，离岸借款的波动性更大，但境内放款较低的波动性是以更少的国际借款为代价获得的。

（如伦敦）的子公司的责任，这样可以充分利用规模经济和宽松的管制。这使得本地子公司受制于其利润和亏损头寸的剧烈波动。同样，国家信用风险也集中在最初发生的国家，这使得当地的子公司丧失了持有在地域上更加分散的投资组合的潜在优势。另外，新兴市场经济国家被并购的银行自己用于融入外资的子公司被关闭了，这使得子公司将面临更大的收入波动风险，以及对母公司资金支持的依赖性。除非子公司按照法律规定将其自己的利益放在第一位，否则它们的利益很有可能被放到母公司的后面。将本国所有的银行出售给外国所有者可能会导致这些银行在当地退市，从而对当地监管当局和当地资本市场造成重大的信息损失。总而言之，外国银行所有权会带来很高的成本，其中一些成本（但不是全部）可以通过采取一些措施来降低，这些措施包括：制定法律要求子公司将自己利益放在第一位，或者禁止100%的外国所有权，同时要求共同拥有的子公司中本国所占的份额要在当地证券交易所挂牌。

我们从这些研究中能够得出什么结论？首先，绝大多数证据都表明，外国银行的进入能够提升新兴市场经济国家国内金融部门的效率（但在发达国家则不能，而且正如一项研究所表明的，在拉丁美洲也不能），这主要是通过引进已经经过检验的银行业技术实现的。类似地，人们似乎对外国银行所有权能够加剧竞争这一点达成了广泛的共识（但并非全部一致）。对外国银行挑选最佳借款人的指控似乎受到了以下发现的有力反击：尽管大企业最有可能获得信贷（它们就是那些“樱桃”），但中小企业也因普遍的收益以及国内银行的贷款向它们转移而从中获益（Clarke，Cull，and Peria，2001）。对于外国银行不大容易受到本地冲击的影响，以及在出现危机时将存款转移到外国所有的国内银行从而使危机造成的影响不太严重的能力，人们似乎达成了共识。国内银行和外国银行可能具有同样的赢利能力，但这可能是外国银行在使用“硬信息”制定放款决策方面拥有优势造成的，这大致抵消了国内银行所拥有的文化优势（国内银行能够更好地利用“软信息”）。但是，这些观察结果留下了一系列我们无法断然否认的潜在风险。第一，过早地允许外国银行自由进入可能会刺激本国的金融机构为了生存而孤注一掷。第二，在条件出现逆转时，外国银行可能会迅速逃离（但是，与在公开市场中借出等量的资金相比，外国银行在当地建立一家银行是否会加剧逃离的倾向，对于这一问题还没有进行过彻底研究）。第三，外国银行因此可能会成为传播金融危机的一种渠道。第四，外国所有的银行可能会逃避有效的监管，或者是因为在完全被外国银行收购后不再向当地监管当局提供信息，或者是因为它们利用不受监管的金融工具（如场外交易的衍生品）进行交易。

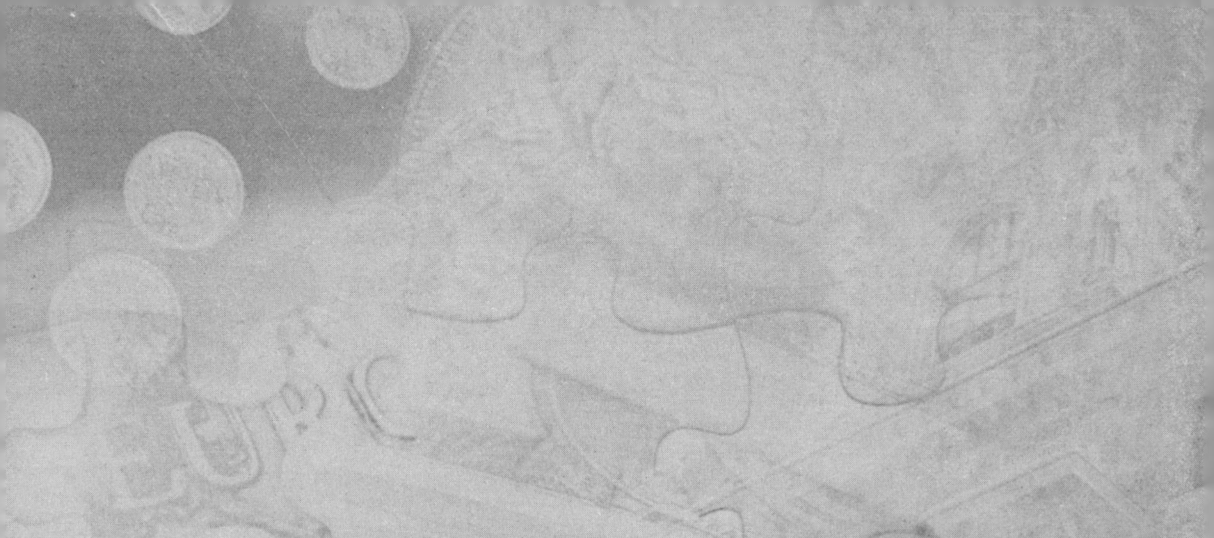

第5章

结论：资本流动的新国际公约

资本管制正在卷土重来。这并不一定是一个坏消息，因为在一些情况下此类管制可能是有好处的。然而，在某些情况下，资本管制更有可能是扭曲性的而不是纠正性的。因此，对资本管制的重新启用应该迫使国际社会采取一些措施（这些措施应该能够促进实施更好的国家政策和国际规则），以更加系统性地协调各国对资本管制的利用。

1 对于实施资本管制过程中建立对称规则的要求

要想建立起实施资本管制的对称性国际规则，就必须考虑三个关键因素（包括理论上的和实践中的）。在本书中，我们已经分别对这三个关键因素进行了深入分析。

第一，国际金融一体化和对资本流动（尤其是债务流动）实施开放并不会促进长期的经济增长。学术研究文献已经指出了这一点，而我们在第3章中的研究也明确证明了这一点。

第二，如第2章所述，在特定情况下，实施某些类型的资本管制（特别是可以有效平滑资本向发展中国家和新兴市场国家流动过程中出现的高涨与低落的审慎的和反周期的资本管制）是有利的。事实上，正是这种作用才促使很多国家（特别是巴西，如

第 1 章所述）在最近实施此类资本管制。

我们发现，资本管制是一国在应对初期资产价格泡沫时的最终手段之一，最近，一直反对实施此类管制的国际货币基金组织也开始支持这一立场。然而，我们的研究成果则更进一步：合理设计的资本管制措施甚至有可能与常规的经济政策工具同样有效，并且能够应用于与资本流动的波动不严格相关的其他情况之下。其中的一种情形便是一国拥有结构性的经常账户赤字时，维持资本管制有可能成为防止货币被高估的一种预防措施（这会对可贸易商品部门不利）。印度就是这种情况的一个案例。另一种可能会实施资本管制的情况是：一国为了保护本国脆弱的银行部门免受外国银行进入（或者其他类型的资本流入）所造成的不稳定性的影响。

在国际社会为了规范资本管制的使用而付出的努力中需要考虑的第三个关键因素是由近期美国和中国之间的僵局以及关于人民币价值问题的激烈争论所引发的。这一争论表明，一国可以利用资本管制来维持被低估的汇率，以此作为一种重商主义的工具，而这会对其贸易伙伴产生“以邻为壑”的效应，因此可以作为一种防止汇率调整的工具，而汇率调整对于全球经济的重新平衡是必要的。中国一直在利用资本账户管制和外汇市场干预来维持持久的汇率低估，这相当于对进口征收关税，而对出口进行补贴。

中国的政策对贸易的影响强调了资本流动和贸易流动之间的密切关系，并引发了一个问题：在设计能够影响资本流动和贸易流动的任何国际公约时，是否应该考虑这些联系。在现实中，商品贸易和金融资产及资本流动贸易的国际规则之间存在着不对称性。在世界贸易组织及其前身——关税与贸易总协定（GATT）——的体系下，国际规则促进自由的商品贸易。相比之下，金融资产和资本流动的贸易则主要由各个国家自行决定，这一点最明显地体现在国际货币基金组织对其成员国如何管理它们的资本账户没有管辖权①。

制定关于资本管制的国际规则面临的挑战在于：要设计出这样一个体制，它允许实施能够增进福利的资本管制，并防止或禁止不能够增进福利的资本管制的实施。

2 资本流动国际协作的三条可选途径

在考虑了上述三个关键因素后，我们认为实现国际协作有三条可选的途径——我们根据它们所追求目标的大小按从小到大的顺序排列。下面我们来讨论每一种选择的利弊。

维持现状

考虑到利用反周期措施来应对资本流动周期性波动的意愿，或者为了获得其他能够避免宏观经济不稳定和币值被高估的措施带来的好处，我们可能不需要在更高的水平上进行国际合作。毕竟，在为各个国家提供政策空间以实施任何形式的宏观审慎资本账户管制方面，目前的状况是非常宽容的。实际上，许多国家（包括巴西）最近都在利用这种自由来实施此类措施。在现状还

① 当然，对某些类型的资本流动存在例外——如服务业的外国直接投资，它受到《服务贸易总协定》（GATS）的管制。同样，我们发现的空白与全球性法规有关，因为在双边和多边协定中，商品和资本都可能受到管制。例如，美国近期签署的众多自由贸易协定——如与智利和新加坡签署的协定——禁止实施资本管制，即使是出于审慎的原因也不行。同样，经济合作与发展组织长期以来一直在推动资本的自由流动。

不错的时候，我们为什么还要去建立一套新的合作机制呢?

在我们看来，合作具有两面性，具有讽刺意味的是，这种两面性来自于这样的事实：在某些方面，现状不够宽松，而在其他方面，现状则过于宽松。因为总体国际经济环境支持开放，所以任何偏离这种开放趋势的政策措施都会被打上耻辱的烙印。因此，现状可以被认为是在事实上限制了各国有效实施资本管制的自由。2009年末，巴西对于资本的流入仅实施了十分微弱的管制，以避免对市场造成干扰，在无法有效解决资本流入问题的情况下被最终贴上了对市场不友好的标签，这个例子充分说明了上面的论点。按理说，巴西一开始就应该征收更高的税率（就像它最终所做的那样）以阻止资本的泛滥。增强的合作关系和在国际达成一致规则可能会允许各国实施最恰当、最有效的措施。

与此同时，有时候缺乏在国际达成一致的规则会诱使一些国家实施或者维持那些事实上有害的政策。当前最明显的例子就是中国。中国并未违背任何将资本管制作为一种工具来维持人民币被低估的国际规则。事实上，现状的特征是重商主义、全球失衡，以及潜在的货币和贸易战。

为非扭曲性资本管制措施制定一个行为准则

第二条可供选择的途径是国际货币基金组织为非扭曲性的资本管制措施制定出一套良好的行为准则，使得各个国家在面临资本流入带来的种种问题时可以遵照执行。这种方法有一个主要的优点，就是它能够从近期的金融危机中吸取最核心的教训之一，即扭曲性的资本管制会加重各个国家以及全球经济在危机中的福利损失。

然而，如果只是期盼各国实施宏观审慎的管制措施，那么国际行为准则就可能是不充分的或者是无效的。近期的危机为我们重新审视与国际资本流动相关的问题提供了一个独特的机会，而如果我们不能利用这次机会来同时应对来自危机的另一个重要教训（即全球失衡和被低估的汇率水平正在显著降低全球经济增长速度），那么这次机会将会被浪费掉。如下文所述，我们还有机会来纠正国际商品贸易和资本贸易规则的不对称性。

一种更具雄心的方法可能会使在对新国际规则讨价还价时涉及的政治问题变得更加简单，这一方法同时还可以解决与拥有资本账户盈余的国家和拥有赤字的国家间的失衡相关的问题。具体来说，关于使用宏观审慎政策和其他非扭曲性资本管制措施的新规则将会对发展中国家和新兴市场经济国家有利，而反过来，它们也可能愿意放弃一些政策空间，以便就控制利用资本管制来支持币值低估的规则达成一致。我们不清楚这种讨价还价是否足以带来广泛的共识，但一种雄心勃勃的方法至少为主要参与者打开了额外的谈判空间。

在考虑了这些问题后，我们倾向于第三种更加雄心勃勃的方法。

对资本管制采用更为激进的国际监管

管理资本流动的国际准则和管理商品贸易的国际准则之间存在的不对称性是有问题的，尤其是在当前的全球经济环境下，实际上，这种不对称性会威胁到全球自由贸易体系[①]。因此，在对待商品贸易和金融资产及资本贸易方面实现更大的对称性就成为十分自然的事情了。

① 在汇率受到共同管理的情况下（如在最初的布雷顿森林体系之下），或者世界处于充分就业状态下（如大萧条之前的情况），这种不对称性可能不是什么大问题。

我们建议朝着对称的方向前进，但也要注意一些明显的事实。由于资本的自由贸易不像商品的自由贸易那样存在着长期的增长效应，因此我们建议所有国家在实施资本管制方面保留某种程度的自由裁量权。即使是在关税和贸易总协定/世界贸易组织体系下，各国也一直能够征收关税，因此允许采取资本管制保护措施并不是特别慷慨或者具有扭曲性的做法。

但是，如同在商品贸易管理规则之下一样，只要有可能，我们就会强烈支持透明的、以价格为基础的措施，而不支持那些定量的措施。这将会使国际社会能够更容易地评估管制造成的影响，并限制任何潜在的扭曲性影响。应该允许使用行政管制，但只有当它们无法或很难被基于市场的措施（例如，在涉及出于审慎原因而限制外国银行进入的措施时）所替代时才可以使用。与在商品贸易管理规则之下一样，我们应当允许各个国家自行决定其行政管制措施的力度，但要有节制——即它们将实施的行政性管制不能超出现存管制的范围。

我们同时也建议，任何国际规则都应当允许各国出于审慎的原因而实施资本管制，但也应该要求各国在合理的情况下使用这些措施。国际货币基金组织应当针对施行审慎措施的恰当环境制定出相应的法律体系，包括能够实施的措施类型、可以作为管制目标的资本流动类型，以及任何管制措施可以接受的力度。我们认识到，做出这类判断在实践中是相当困难的，特别是因为它们依赖于现有的全球经济环境，而不仅仅依赖于单个国家所实施政策的特征。国际货币基金组织可能会特别关注溢出效应对第三国的影响，以确定在特定环境中这些管制措施是否应该被认为具有扭曲性。

为各个国家保留这种自由裁量的空间与贸易规则是对称的，

这使得可能采取的保护措施能够成为保障措施、反补贴税和反倾销行动的一部分。这些可能采取的行为被看成是一种“安全阀”，当某一国家或某些经济部门面临的环境恶化时，它通过保证缓解一些不可避免的政治压力而推进自由化的发展。同样，如果各个国家确信它们能够正当地实施审慎的资本管制而不会招致恶名，那么它们就可能更快地停止使用更加结构化的管制措施。

因此，我们对资本管制的国际监督提出以下两个原则。第一，资本管制应当是基于市场的，在任何可能的情况下，都应该采取对资本流动征税的形式①。第二，对于那些具有系统重要性的大国（它们拥有造成负外部性的巨大潜力），以及那些汇率已经出现严重扭曲的国家，如果能够给出一个审慎的理由，则可以维持行政管制，否则就应该随着时间的推移而逐渐淘汰这些措施，并制定加速这一进程的时间表。

对于资本管制，何种税率水平是允许的？一种选择是对最高税率设置一个上限，例如 15%。如第 2 章所述，15% 是由调整后的模型确定的最优审慎税率水平。另外，如果事实证明管制是扭曲性的而不是纠正性的，那么这一税率水平将会保证扭曲的程度相对较低。如第 2 章中所阐明的那样，资本管制和税收规模对于实际汇率水平的最大影响处于同一个数量级上，因而这就可以保证实际汇率的任何扭曲都会被限制在 15% 或者更低的水平上。行政性资本管制应当如何被逐步淘汰？有几种可能性。对于商品贸易来说，应该制定一个时间表来逐步消除现有的管制，这个时间

① 这一点对于为国际社会提供一个关于资本管制所引致的最大扭曲程度的指标是十分重要的。在某种程度上，国内的审慎管制是定量的，这可能是因为金融监管机构不能够确定资金流动如何对价格风险的变动做出反应。考虑到在国内审慎管制中将继续使用定量指标，我们认为，一般来说，资本管制应当被限制在基于价格的政策工具上。

表可以由某个国际管理机构单边制定，也可以是谈判的一部分。如果认为这样做过于无力，也可以额外要求那些更有可能对其他国家造成负外部性的大国或者那些利用其他政策（例如储备积累）对其实际汇率造成扭曲的国家更快地淘汰这些管制措施。

对于这些建议，存在着正反两方面的意见。一方面，纯粹论者的观点是：任何规则都应当是一致适用的。但是，这意味着小型的、经济易受影响的发展中国家将会被要求废除其所有的行政管制，除非它们能够证实这些管制措施是出于审慎的理由而实施的，而这又会使它们处于显著的经济波动之中。另一方面，实用主义者认为，对于那些具有系统重要性的国家来说，这些规则应当更严厉一些。在世界贸易组织的规则之下，后者是有先例的，如对于那些贸易量大的国家，对出口补贴的管制更加严厉。

任何新的规则都应当体现在由国际货币基金组织主持制定的最佳实践国际准则中。另外，国际货币基金组织应该拥有对资本账户政策的管辖权（该问题早在20世纪90年代就被讨论过，但当时的背景完全不同）。因为新的准则将同时包括商品贸易和金融资产的交易，所以，新的体制应该伴随着国际货币基金组织和世界贸易组织之间的机构合作，正如阿迪亚·马图和阿文德·萨布拉马尼安（Aaditya Mattoo and Arvind Subramanian，2008）所提出的那样。

任何用于阻止并逐步淘汰扭曲性资本管制的规则都可以作为那些用于纠正被低估汇率的准则的补充，如马图和萨布拉马尼安（2008）所提出的那样。例如，也许存在这样一种情况，一国可以选择直接消除币值的低估（如通过避免干预外汇市场，或者是接受对其目标汇率的监督），或者选择逐步取消当前的资本流动管制。

3 增进国际合作以制定国际准则

制定一系列理想的规则可能相对简单，但要提出如何通过由国际合作的方式对这些规则进行磋商的具体方案则十分困难。具体来说，那些将自己看成是潜在输家的国家——如中国等结构性地低估其币值的国家——它们签署这样一个协议的动力何在？现实中存在着广泛的选择空间——既有“胡萝卜”，也有“大棒”——能够诱使各个国家之间进行合作，因为商品贸易和资本贸易之间的相互关系和对称性考虑了以这两个领域中的活动为目标的工具和措施。由于中国很可能会成为未来所有协议的关键参与者，因此能够对其造成影响的“胡萝卜”和“大棒”就显得特别重要。

由多方共同设计的国际规则的优点之一是受到影响的众多国家可以共同对中国施加压力，迫使其加入其中。就这一点而言，最近的单边努力（特别是美国的努力）在很大程度上是失败的。同时，对全球规则达成一致将会避免专门针对中国（或其他任何国家），因而所有国家都会发现，签署这种协议在政治上更加可行。

在贸易领域，可以利用的“胡萝卜”包括在世界贸易组织的规则下给予中国市场经济国家的地位，这样可以使其更不易受到贸易伙伴施加的单边制裁措施的损害——尤其是反倾销税（Messerlin，2004）。目前，当目标是非市场经济国家的时候，对于此类行为的限制并不严格①。

对于主权财富基金投资的明确规则可以成为另一个吸引中国进行合作的因素。这些吸引力可以是为中国的主权财富基金争取投资机会，而在当前的环境中，中国的投资可能会越来越多地受到持贸易保护主义观点的国家的管制。中国庞大的外汇储备不太可能会在短时间之内消除，这意味着在相当长的一段时期内中国政府都会以一个外国投资人的身份出现，这就保证了这种投资渠道对于中国来说就是一根十分重要的"胡萝卜"（对于石油输出国来说也是如此）。该领域中其他潜在"胡萝卜"的本质请参见马图和萨布拉马尼安（Mattoo and Subramanian，2008）。

与商品贸易相关的潜在"大棒"之一是针对那些不愿意使其资本账户管制与新规则保持一致的国家征收关税。这是2010年美国参议员查尔斯·舒默（Charles Schumer）和林德赛·格雷厄姆（Lindsey Graham）所提出的立法的一个方面，其中包括对从中国进口的商品征收27.5%的关税。最近，众议院通过立法，允许将被低估的汇率看成是出口补贴，因而需要征收反补贴税。资本账户政策和贸易政策之间的这种联系非常有意义，因为如我们在第2章中所论述的那样，利用资本账户管制可以实现对贸易的影响，其程度与征收关税对进口的影响完全一样。

---

① 为了确定倾销正在发生，需要比较一家公司的国内价格和出口价格。这是市场经济的通行做法，其中国内价格被假定反映了真实的生产成本。如果国外的价格低于国内的价格，它们就会被认为是"低于公平价格"，这很容易被推定为倾销。对于中国来说，因为国内价格被认为是扭曲的，研究人员可以在第三国（如印度或日本）寻找可比企业，以确定生产这些产品的"真实"市场成本。如果中国的企业销售出口品的价格低于印度或者日本的成本，那么就可以认为中国在以低于公平价值的价格出售商品。关键在于，反倾销政策的调查员们在其他国家选择可比企业时拥有非常宽泛的自由裁量权，因此确认倾销并据此采取措施来限制中国的出口变得很容易。

与资产贸易相关的“大棒”可以采取广泛的互惠要求的形式[①]，资本输入国据此限制其公共债务的销售，而销售的对象仅限于那些允许它们购买并持有该国公共债务的国家的官方机构。例如，在允许外国人购买中国国内债务之前，中国当局将被禁止购买美国国债或者日本政府债券[②]。这种“大棒”的一种变化形式——约瑟夫·加格农和加里·赫夫鲍尔（Joseph Gagnon and Gary Hufbauer，2011）提案的一般化形式——是：一国可以对那些不签署新国际规则的国家持有的外国资产征税（这可以很容易地被互惠原则证明是合理的）。这类措施的一个优势是：此类国家不会违背现有的多边规则，因为根本就没有这类规则。[③]

当然，这些“胡萝卜”和“大棒”是否能够成功地说服中国参与到合作中来还有待实践检验，但这些做法还是值得一试，而且情况不会比目前的情况（以重商主义、全球失衡以及有可能爆发货币和贸易战为特征）更差。

正如本书所阐述的，资本在国际自由流动不应该被看成是一个所有国家都应当追求的理想。只有十分薄弱的证据证明自由的资本流动能够推动长期经济增长，但我们很容易找到利用资本管制来应对短期波动的情况。同时，协调对国际资本流动的管理，以便消除缺乏金融资产交易规则和促进、管理商品贸易的体系非

---

① 参见 C. Fred Bergsten，“We Can Fight Fire with Fire on the Renminbi，” *Financial Times*，October 4，2010. 另请参见 Daniel Gros，“How to Avoid Trade War：A Reciprocity Requirement，” VoxEU，October 8，2010，www. voxeu. org.

② 中国政府债务的规模相对较小，因此这一要求应当被扩展到其他的债务形式，例如央行的对冲债券，甚至是私人债务。

③ 对此提案的一个明显的反对意见是中国可以通过中介来购买美国国债。但中介这样做将会给它们自己带来很大的风险，有可能遭到现有反洗钱法规的起诉。考虑到涉及的金额，这类操作很难被掩盖起来。另一个更加重要的反对意见是：中国当局可以通过购买私人债务而不是官方债务来避开这种压力。

常完善之间的不对称性，是非常恰当的。

即使是最典型的贸易保护主义者，约翰·梅纳德·凯恩斯（John Maynard Keynes）也曾经公开尝试区分商品和资本领域最优的偏狭程度（degrees of insularity）：让商品尽可能在国内制造，他说，并且补充道："最重要的是让融资主要在国内进行。"（Keynes，1933）在商品贸易和金融资产交易高度全球化的今天，这种民族主义的做法显然已经过时了，但令商品贸易比资本和金融资产交易更加开放和无拘无束可能仍然是可取的。即便如此，保持对前者进行管理而不对后者进行管理的现状也是不合理的。能够同时解决商品贸易与金融资产贸易问题的规则早就应该建立起来。

参考文献

[1] Abiad, Abdul, Enrica Detragiache, and Thierry Tressel. 2008. *A New Database of Financial Reforms.* IMF Working Paper 08/266 (December). Washington: International Monetary Fund.

[2] Acemoglu, Daron, Simon Johnson, James Robinson, and Pierre Yared. 2008. Income and Democracy. *American Economic Review* 98, no. 3 (June): 808-42.

[3] Aghion, Philippe, Philippe Bacchetta, and Abhijit Banerjee. 2004. A Corporate Balance-Sheet Approach to Currency Crises. *Journal of Economic Theory* 119, no. 1 (November): 6-30.

[4] Aitken, Brian, and Ann Harrison. 1999. Do Domestic Firms Benefit from Direct Foreign Investment? Evidence from Venezuela. *American Economic Review* 89, no. 3 (June): 605-18.

[5] Aizenman, Joshua. 2011. Hoarding International Reserves versus a Pigouvian Tax-Cum-Subsidy Scheme: Reflections on the Deleveraging Crisis of 2008-9, and a Cost Benefit Analysis. *Journal of Economic Dynamics and Control* 35, no. 9: 1502-13.

[6] Aizenman, Joshua, Brian Pinto, and Artur Radziwill. 2007. Sources for Financing Domestic Capital—Is Foreign Saving a Viable Option for Developing Countries? *Journal of International Money and Finance* 26, no. 5 (September): 682-702.

[7] Akira, Ariyoshi, Karl Habermeier, Bernard Laurens, Inci Ӧker-Robe, Jorge Iván Canales-Kriljenko, and Andrei Kirilenko. 2000. *Capital Controls: Country Experiences with Their Use and Liberalization.* Occasional Paper 190. Washington: International Monetary Fund.

[8] Alfaro, Laura, Areendam Chanda, Sebnem Kalemli-Ozcan, and Selin Sayek. 2004. FDI and Economic Growth: The Role of Local Financial Markets. *Journal of International Economics* 64, no. 1 (October): 89-112.

[9] Alfaro, Laura, Sebnem Kalemli-Ozcan, and Vadym Volosovych. 2007. Capital Flows in a Globalized World: The Role of Policies and Institutions. In *Capital Controls and Capital Flows in*

Emerging Economies: Policies, Practices and Consequences, ed. Sebastian Edwards. Chicago: University of Chicago Press for National Bureau of Economic Research.

[10] Aliber, Robert. 1984. International Banking: A Survey. *Journal of Money, Credit, and Banking* 16, no. 4 (November): 661-78.

[11] Arteta, Carlos, Barry Eichengreen, and Charles Wyplosz. 2001. *When Does Capital Account Liberalization Help More than It Hurts?* NBER Working Paper 8414 (August). Cambridge, MA: National Bureau of Economic Research.

[12] Barajas, Adolfo, Natalia Salazar, and Roberto Steiner. 2000. Foreign Investment in Colombia's Financial Sector. In The Internationalization of Financial Services: Issues and Lessons for Developing Countries, ed. Stijn Claessens and Marion Jansen. London: Kluwer Law International.

[13] Barro, Robert, and Xavier Sala-i-Martin. 2003. *Economic Growth*, 2d ed. Cambridge, MA: MIT Press.

[14] Barro, Robert, and Jong-Wha Lee. 2010. A New Data Set of Educational Attainment. NBER Working Paper 15 902. Cambridge, MA: National Bureau of Economic Research.

[15] Bekaert, Geert, and Campbell Harvey. 2000. Foreign Speculators and Emerging Equity Markets. *Journal of Finance* 55, no. 2 (April): 565-613.

[16] Bekaert, Geert, Campbell Harvey, and Christian Lundblad. 2005. Does Financial Liberalization Spur Growth? *Journal of Financial Economics* 77, no. 1 (July): 3-55.

[17] Bekaert, Geert, Campbell Harvey, and Christian Lundblad. 2006. Growth Volatility and Financial Liberalization. *Journal of International Money and Finance* 25, no. 3 (April): 370-403.

[18] Berger, Allen, Robert DeYoung, Hesna Genay, and Gregory Udell. 2000. *Globalization of Financial Institutions: Evidence from Cross-Border Banking Performance.* Finance and Economics Discussion Series 2000-04. Washington: Board of Governors of the Federal Reserve System.

[19] Bhagwati, Jagdish. 1998. The Capital Myth: The Difference between Trade in Goods and in Dollars. *Foreign Affairs* (May/June).

[20] Bianchi, Javier. 2011. Overborrowing and Systemic Externalities in the Business Cycle. *American Economic Review* 101, no. 7: 3400-20.

[21] Blalock, Garrick, and Paul Gertler. 2008. Welfare Gains from Foreign Direct Investment through Technology Transfer to Local Suppliers. *Journal of International Economics* 74, no. 2 (March): 402-21.

[22] Blanchard, Olivier, and Gian Maria Milesi-Ferretti. 2009. *Global Imbalances: In Midstream?*

IMF Staff Position Note 09/29. Washington: International Monetary Fund.

[23] Bonin, John, Iftekhar Hasan, and Paul Wachtel. 2005. Bank Performance, Efficiency, and Ownership in Transition Countries. *Journal of Banking and Finance* 29, no. 1 (January): 31-53.

[24] Borensztein, Eduardo, Jose De Gregorio, and Jong-Wha Lee. 1998. How Does Foreign Direct Investment Affect Economic Growth? *Journal of International Economics* 45, no. 1 (June): 115-35.

[25] Caballero, Ricardo J., Emmanuel Farhi, and Pierre-Olivier Gourinchas. 2008. An Equilibrium Model of "Global Imbalances" and Low Interest Rates. *American Economic Review* 98, no. 1: 358-93.

[26] Caballero, Ricardo J., and Guido Lorenzoni. 2009. *Persistent Appreciations and Overshooting: A Normative Analysis.* Revised version of NBER Working Paper 13077. Cambridge, MA: MIT and National Bureau of Economic Research. Available at http://econ-www. mit. edu/files/4454.

[27] Calvo, Guillermo. 1998. Capital Flows and Capital Market Crises: The Economics of Sudden Stops. *Journal of Applied Economics* no. 1: 35-54.

[28] Cárdenas, Juan, Juan Pablo Graf, and Pascual O'Dogherty. 2003. *Foreign Banks Entry in Emerging Market Economies: A Host Country Perspective.* Mexico City: Banco de México.

[29] Carkovic, Maria, and Ross Levine. 2005. Does Foreign Direct Investment Accelerate Economic Growth? In *Does Foreign Direct Investment Promote Development?* ed. Theodore Moran, Edward Graham, and Magnus Blomström. Washington: Peterson Institute for International Economics.

[30] Chamon, Marcos, and Eswar Prasad. 2010. Why Are Saving Rates of Urban Households in China Rising? *American Economic Journal: Macroeconomics* 2, no. 1: 93-130.

[31] Chari, Anusha, and Peter Henry. 2004. Risk Sharing and Asset Prices: Evidence from a Natural Experiment. *Journal of Finance* 59, no. 3 (June): 1295-324.

[32] Chinn, Menzie, and Hiro Ito. 2006. What Matters for Financial Development? Capital Controls, Institutions, and Interactions. *Journal of Development Economics* 81, no. 1 (October): 163-92.

[33] Chinn, Menzie, and Hiro Ito. 2008. A New Measure of Financial Openness. *Journal of Comparative Policy Analysis* 10, no. 3 (September): 309-22.

[34] Claessens, Stijn, Asli Demirgüç-Kunt, and Harry Huizinga, H. 2001. How Does Foreign Entry Affect Domestic Banking Markets? *Journal of Banking and Finance* 25, no. 5 (May): 891-911.

[35] Claessens, Stijn, Asli Demirgüç-Kunt, and Harry Huizinga. 2000. How Does Foreign Entry Affect the Domestic Banking Market? In *The Internationalization of Financial Services: Issues and*

Lessons for Developing Countries, ed. Stijn Claessens and Marion Jansen. London: Kluwer Law International.

[36] Clarke, George, Robert Cull, and Martinez Peria. 2001. *Does Foreign Bank Penetration Reduce Access to Credit in Developing Countries?* World Bank Policy Research Working Paper Series 2716 (September). Washington: World Bank.

[37] Cline, William. 2010. *Financial Globalization, Economic Growth, and the Crisis of 2007-09*. Washington: Peterson Institute for International Economics.

[38] Coase, Ronald. 2001. Quoted in Gordon Tullcok, A Comment on Daniel Klein's "A Plea to Economists Who Favor Liberty." *Eastern Economic Journal* (Spring), note 2.

[39] Crystal, Jennifer, Gerard Dages, and Linda Goldberg. 2001. *Does Foreign Ownership Contribute to Sounder Banks in Emerging Markets?* The Latin American Experience. Federal Reserve Bank of New York Staff Report 137. New York: Federal Reserve Bank of New York.

[40] De Gregorio, José, Sebastian Edwards, and Rodrigo Valdés. 2000. Controls on Capital Inflows: Do They Work? *Journal of Development Economics* 63, no. 1 (October): 59-83.

[41] Desai, Mihir, Fritz Foley, and James Hines. 2006. Capital Controls, Liberalizations, and Foreign Direct Investment. *Review of Financial Studies* 19, no. 4 (Winter): 1433-64.

[42] De Haas, Ralph, and Iman Van Lelyveld. 2006. Foreign Banks and Credit Stability in Central and Eastern Europe: A Panel Data Analysis. *Journal of Banking and Finance* 30, no. 7 (July): 1927-52.

[43] Demirgüç-Kunt, Asli, and Harry Huizinga. 1999. Determinants of Commercial Bank Interest Margins and Profitability: Some International Evidence. *World Bank Economic Review* 13, no. 2: 379-408.

[44] Demirgüç-Kunt, Asli, and Ross Levine. 2008. *Finance, Financial Sector Policies, and Long-Run Growth*. World Bank Policy Research Working Paper 4469 (January). Washington: World Bank.

[45] Denizer, Cevdet. 2000. Foreign Entry in Turkey's Banking Sector, 1980-1997. In *The Internationalization of Financial Services: Issues and Lessons for Developing Countries*, ed. Stijn Claessens and Marion Jansen. London: Kluwer Law International.

[46] Desai, Mihir A., C. Fritz Foley, and James R. Hines Jr. 2006. Capital Controls, Liberalizations, and Foreign Direct Investment. *Review of Financial Studies* 19, no. 4 (Winter): 1399-431.

[47] Domanski, Dietrich. 2005. Foreign Banks in Emerging Market Economies: Changing Players, Changing Issues. *BIS Quarterly Review* (December). Basel: Bank for International Settlements.

[48] Dornbusch, Rudiger. 1996. It's Time for a Financial Transactions Tax. *International Economics* (August/September): 95-96.

[49] Dornbusch, Rudiger. 1998. Capital Controls: An Idea Whose Time Is Past. In *Should the IMF Pursue Capital-Account Convertibility*? Essays in International Finance no. 207 (May): 20-28. Princeton, NJ: International Finance Section, Department of Economics, Princeton University.

[50] Edison, Hali, Ross Levine, Luca Ricci, and Torsten Slok. 2002. International Financial Integration and Economic Growth. *Journal of International Money and Finance* 21, no. 6 (November): 749-76.

[51] Edwards, Sebastian. 1999. How Effective Are Capital Controls? *Journal of Economic Perspectives* 13, no. 4 (Fall): 65-84.

[52] Edwards, Sebastian. 2001. *Capital Mobility and Economic Performance: Are Emerging Economies Different*? NBER Working Paper 8076 (January). Cambridge, MA: National Bureau of Economic Research.

[53] Eichengreen, Barry, Rachita Gullapalli, and Ugo Panizza. 2011. Capital Account Liberalization, Financial Development and Industry Growth: A Synthetic View. *Journal of International Money and Finance* 30, no. 6 (October): 1090-1106.

[54] Eschenbach, Felix, Joseph F. Francois, and Ludger Schuknecht. 2000. Financial Sector Openness and Economic Growth. In *The Internationalization of Financial Services: Issues and Lessons for Developing Countries*, ed. Stijn Claessens and Marion Jansen. London: Kluwer Law International.

[55] Fischer, Stanley. 2003. Globalization and Its Challenges. *American Economic Review* 93, no. 2 (May): 1-30.

[56] Flood, Robert, and Peter Garber. 1984. Collapsing Exchange-Rate Regimes: Some Linear Examples. *Journal of International Economics* 17, no. 1-2 (August): 1-13.

[57] Forbes, Kristin. 2005. Capital Controls: Mud in the Wheels of Market Efficiency. *Cato Journal* 25, no. 1: 153-66.

[58] Forbes, Kristin. 2007a. The Microeconomic Evidence on Capital Controls: No Free Lunch. In *Capital Controls and Capital Flows in Emerging Economies: Policies, Practices and Consequences*, ed. Sebastian Edwards. Chicago: University of Chicago Press for NBER.

[59] Forbes, Kristin. 2007b. One Cost of the Chilean Capital Controls: Increased Financial Constraints for Smaller Traded Firms. *Journal of International Economics* 71, no. 2: 294-323.

[60] Friedman, Tom. 2000. *The Lexus and the Olive Tree*. New York: Anchor Books.

[61] Gagnon, Joseph E., and Gary Clyde Hufbauer. 2011. Taxing China's Assets: How to Increase US Employment without Launching a Trade War. *Foreign Affairs* (April 25).

[62] Gallego, Francisco, and Leonardo Hernández. 2003. Microeconomic Effects of Capital Controls: The Chilean Experience During the 1990s. *International Journal of Finance and Economics* 8, no. 3 (July): 225-53.

[63] Gallego, Francisco, Leonardo Hernández, and Klaus Schmidt-Hebbel. 1999. *Capital Controls in Chile: Effective? Efficient?* Working Paper 59. Santiago: Central Bank of Chile.

[64] Giannetti, Mariassunta, and Steven Ongena. 2009. Financial Integration and Firm Performance: Evidence from Foreign Bank Entry in Emerging Markets. *Review of Finance* 13, no. 2 (April): 181-223.

[65] Goldberg, Linda. 2007. Financial Sector FDI and Host Countries: New and Old Lessons. *Economic Policy Review* 13, no. 1 (March). New York: Federal Reserve Bank of New York.

[66] Goldsmith, Raymond. 1969. *Financial Structure and Development*. New Haven: Yale University Press.

[67] Gourinchas, Pierre-Olivier, and Olivier Jeanne. 2007. *Capital Flows to Developing Countries: The Allocation Puzzle*. NBER Working Paper 13602 (November). Cambridge, MA: National Bureau of Economic Research.

[68] Grilli, Vittorio. 1986. Buying and Selling Attacks on Fixed Exchange Rate Systems. *Journal of International Economics* 20, no. 1-2 (February): 143-56.

[69] Grubel, Herbert. 1977. *International Economics*. Homewood, IL: Irwin.

[70] Hanson, Samuel, Anil Kashyap, and Jeremy Stein. 2011. A Macroprudential Approach to Financial Regulation. *Journal of Economic Perspectives* 25, no. 1 (Winter): 3-28.

[71] Hausmann, Ricardo, Lant Pritchett, and Dani Rodrik. 2005. Growth Accelerations. *Journal of Economic Growth* 10, no. 4: 303-29.

[72] Henry, Peter. 2000a. Do Stock Market Liberalizations Cause Investment Booms? *Journal of Financial Economics* 58, no. 1-2 (September): 301-34.

[73] Henry, Peter. 2000b. Stock Market Liberalization, Economic Reform, and Emerging Market Equity Prices. *Journal of Finance* 55, no. 2 (April): 529-64.

[74] Henry, Peter. 2003. Capital-Account Liberalization, the Cost of Capital, and Economic Growth. *American Economic Review* 93, no. 2 (May): 91-96.

[75] Henry, Peter. 2007. Capital Account Liberalization: Theory, Evidence, and Speculation. *Journal of Economic Literature* 45, no. 4 (December): 887-935.

[76] IDB (Inter-American Development Bank). 2004. *Unlocking Credit: The Quest for Deep and Stable Bank Lending*. Washington.

[77] IDB (Inter-American Development Bank). 2005. *Economic and Social Progress Report*. Washington.
IMF (International Monetary Fund). 2011. *Recent Experiences in Managing Capital Inflows—Cross-Cutting Themes and Possible Policy Framework*. Policy Paper. Washington. Available at www. imf. org/ external/ np/ pp/ eng/2011/021411a. pdf.

[78] Javorcik, Beata. 2004. Does Foreign Direct Investment Increase the Productivity of Domestic Firms? In Search of Spillovers Through Backward Linkages. *American Economic Review* 94, no. 3: 605-27.

[79] Javorcik, Beata, and Mariana Spatareanu. 2008. To Share or Not To Share: Does Local Participation Matter for Spillovers from Foreign Direct Investment? *Journal of Development Economics* 85, no. 1-2: 194-217.

[80] Jeanne, Olivier. 2011. Capital Account Policies and the Real Exchange Rate. Baltimore, MD: Johns Hopkins University. Manuscript.

[81] Jeanne, Olivier, and Anton Korinek. 2010a. Excessive Volatility in Capital Flows: A Pigouvian Taxation Approach. *American Economic Review Papers and Proceedings* 100, no. 2 (May): 403-07.

[82] Jeanne, Olivier, and Anton Korinek. 2010b. *Managing Credit Booms and Busts: A Pigouvian Taxation Approach*. NBER Working Paper 16377 (September). Cambridge, MA: National Bureau of Economic Research.

[83] Jeanne, Olivier, and Romain Rancière. 2011. The Optimal Level of International Reserves for Emerging Market Countries: A New Formula and Some Applications. *Economic Journal* 121, no. 555: 905-30.

[84] Johnson, Simon, Kalpana Kochhar, Todd Mitton, and Natalia Tamirisa. 2007. Malaysian Capital Controls: Macroeconomics and Institutions. In *Capital Controls and Capital Flows in Emerging Economies: Policies, Practices and Consequences*, ed. Sebastian Edwards. Chicago: University of Chicago Press for National Bureau of Economic Research.

[85] Johnson, Simon, William Larson, Chris Papageorgiou, and Arvind Subramanian. 2009. *Is*

Newer Better? *Penn World Table Revisions and Their Impact on Growth Estimates*. NBER Working Paper no. 15455. Cambridge, MA: National Bureau of Economic Research (October).

[86] Johnson, Simon, Jonathan Ostry, and Arvind, Subramanian. 2010. Prospects for Sustained Growth in Africa: Benchmarking the Constraints. *IMF Staff Papers* 57, no. 1: 119-71.

[87] Kaplan, Ethan, and Dani Rodrik. 2002. Did the Malaysian Capital Controls Work? In *Preventing Currency Crises in Emerging Markets*, ed. Sebastian Edwards and Jeffrey Frankel. Chicago: University of Chicago Press for National Bureau of Economic Research.

[88] Keynes, John Maynard. 1933. National Self-Sufficiency. *The Yale Review* 22, no. 4 (June): 755-69.

[89] Keynes, John Maynard. 1936. *The General Theory of Employment, Interest and Money*. New York: Harcourt Brace and Co.

[90] Kim, Woochan, and Shang-Jin Wei. 2002. Offshore Investment Funds: Monsters in Emerging Markets? *Journal of Development Economics* 68, no. 1 (June): 205-24.

[91] Klein, Michael. 2005. *Capital Account Liberalization, Institutional Quality and Economic Growth: Theory and Evidence*. NBER Working Paper 11112 (February). Cambridge, MA: National Bureau of Economic Research.

[92] Korinek, Anton. 2010. *Regulating Capital Flows to Emerging Markets: An Externality View*. College Park, MD: University of Maryland. Unpublished manuscript.

[93] Korinek, Anton. 2011. The New Economics of Prudential Capital Controls: A Research Agenda. *IMF Economic Review* 59, no. 3 (August): 524-61.

[94] Kose, Ayhan, Eswar Prasad, Kenneth Rogoff, and Shang-Jin Wei. 2009. Financial Globalization: A Reappraisal. *IMF Staff Papers* 56, no. 1 (April): 8-62.

[95] Kose, Ayhan, Eswar Prasad, and Marco Terrones. 2009. Does Openness to International Financial Flows Raise Productivity Growth? *Journal of International Money and Finance* 28, no. 4 (June): 554-80.

[96] Krugman, Paul. 1979. A Model of Balance-of-Payments Crises. *Journal of Money, Credit and Banking* 11, no. 3 (August): 311-25.

[97] Lane, Philip, and Gian Maria Milesi-Ferretti. 2007. The External Wealth of Nations Mark II: Revised and Extended Estimates of Foreign Assets and Liabilities, 1970-2004. *Journal of International Economics* 73, no. 2 (November): 223-50.

[98] Lardy, Nicholas, and Patrick Douglass. 2011. *Capital Account Liberalization and the Role of the*

Renminbi. Working Paper 11-6 (February). Washington: Peterson Institute for International Economics.

[99] Le Fort, Guillermo, and Sergio Lehmann. 2000. El Encaje, Los Flujos de Capitales y el Gasto: Una Evaluación Empírica. *Documentos de Trabajo*, no. 64. Santiago: Central Bank of Chile.

[100] Levine, Ross. 1997. Financial Development and Economic Growth: Views and Agenda. *Journal of Economic Literature* 35, no. 2 (June): 688-726.

[101] Levine, Ross, and Sara Zervos. 1998. Capital Control Liberalization and Stock Market Development. *World Development* 26, no. 7 (July): 1169-83.

[102] Lipsey, Robert. 2004. Home-and Host-Country Effects of Foreign Direct Investment. In *Challenges to Globalization: Analyzing the Economics*, ed. Robert Baldwin and Alan Winters. Chicago: University of Chicago Press for National Bureau of Economic Research.

[103] Lipsey, Robert, and Fredrik Sjöholm. 2002. *Foreign Firms and Indonesian Manufacturing Wages: An Analysis with Panel Data.* NBER Working Paper 9417 (December). Cambridge, MA: National Bureau of Economic Research.

[104] Magud, Nicolas, Carmen Reinhart, and Kenneth Rogoff. 2011. *Capital Controls: Myth and Reality: A Portfolio Balance Approach to Capital Controls.* Working Paper 11-7. Washington: Peterson Institute for International Economics.

[105] Mathieson, Donald J., and Jorge Roldós. 2001. Foreign Banks and Emerging Markets. In *Open Doors: Foreign Participation in Financial Systems in Developing Countries*, ed. Robert Litan, Paul Masson, and Michael Pomerleano. Washington: Brookings Institution.

[106] Mattoo, Aaditya, and Arvind Subramanian. 2008. *Currency Undervaluation and Sovereign Wealth Funds: A New Role for the World Trade Organization.* Working Paper 08-2 (January). Washington: Peterson Institute for International Economics.

[107] McKinnon, Ronald. 1973. *Money and Capital in Economic Development.* Washington: Brookings Institution.

[108] Messerlin, Patrick. 2004. China in the WTO: Antidumping and Safeguards. In *China and the WTO: Accession, Policy Reform, and Poverty Reduction Strategies*, ed. Deepak Bhattasali, Shantong Li, and Will Martin. Washington: World Bank and Oxford University Press.

[109] Mian, Atif. 2003. *Foreign, Private Domestic and Government Banks: New Evidence from Emerging Markets.* Chicago: University of Chicago Graduate School of Business. Unpublished manuscript.

[110] Micco, Alejandro, Ugo Panizza, and Mónica Yañez. 2004. *Bank Ownership and Performance*. IDB Working Paper 518. Washington: Inter – American Development Bank (November).

[111] Milesi – Ferretti, Gian Maria, and Cedric Tille. 2011. The Great Retrenchment: International Capital Flows During the Global Financial Crisis. *Economic Policy* 26, no. 66 (April): 285-342.

[112] Mishkin, Frederic. 2006. *The Next Great Globalization: How Disadvantaged Nations Can Harness Their Financial Systems to Get Rich*. Princeton, NJ: Princeton University Press.

[113] Mitton, Todd. 2006. Stock Market Liberalization and Operating Performance at the Firm Level. *Journal of Financial Economics* 81, no. 3 (September): 625-47.

[114] Moran, Theodore. 2002. *Beyond Sweatshops: Foreign Direct Investment and Globalization in Developing Countries*. Washington: Brookings Institution.

[115] Moran, Theodore, Edward Graham, and Magnus Blomström. 2005. *Does Foreign Direct Investment Promote Development?* Washington: Peterson Institute for International Economics.

[116] Moreno, Ramon, and Agustin Villar. 2005. *The Increased Role of Foreign Bank Entry in Emerging Markets*. BIS Paper 23 (May). Basel: Bank for International Settlements.

[117] Obstfeld, Maurice. 1996. Models of Currency Crises with Self – fulfilling Features. *European Economic Review* 40, no. 3-5: 1037-47.

[118] Obstfeld, Maurice. 2009. International Finance and Growth in Developing Countries: What Have We Learned? *IMF Staff Papers* 56, no. 1 (March).

[119] Ostry, Jonathan D., Atish Ghosh, Karl Habermeier, Marcos Chamon, Mahvash Qureshi, and Dennis Reinhardt. 2010. *Capital Inflows: The Role of Controls*. IMF Staff Position Note 10/04. Washington: International Monetary Fund.

[120] Ostry, Jonathan D., Atish R. Ghosh, Karl Habermeier, Luc Laeven, Marcos Chamon, Mahvash S. Qureshi, and Annamaria Kokenyne. 2011. *Managing Capital Inflows: What Tools to Use?* IMF Staff Discussion Note 11/06. Washington: International Monetary Fund.

[121] Parikh, Kirit. 1997. *India Development Report*. New Delhi: Oxford University Press.

[122] Pomerleano, Michael, and George J. Vojta. 2001. Foreign Banks and Emerging Markets: An Institutional Study. In *Open Doors: Foreign Participation in Financial Systems in Developing Countries*, ed. Robert Litan, Paul Masson, and Michael Pomerleano. Washington: Brookings Institution.

[123] Prasad, Eswar, Raghuram Rajan, and Arvind Subramanian. 2007. Foreign Capital and Eco-

nomic Growth. *Brookings Papers on Economic Activity* 38, no. 1: 153-230.

[124] Prasad, Eswar, and Shang - Jin Wei. 2007. The Chinese Approach to Capital Inflows: Patterns and Possible Explanations. In *Capital Controls and Capital Flows in Emerging Economies: Policies, Practices, and Consequences*, ed. Sebastian Edwards. Chicago: University of Chicago Press for National Bureau of Economic Research.

[125] Quinn, Dennis, and Maria Toyoda. 2008. Does Capital Account Liberalization Lead to Growth? *Review of Financial Studies* 21, no. 3 (November): 1403-49.

[126] Rajan, Raghuram, and Luigi Zingales. 1998. Financial Dependence and Growth. *American Economic Review* 88, no. 3 (June): 559-86.

[127] Rhee, Yung Whee, and Therese Belot. 1990. *Export Catalysts in Low - Income Countries: A Review of Eleven Success Stories.* World Bank Discussion Paper 72 (July). Washington: World Bank.

[128] Rodrik, Dani. 1998. Who Needs Capital-Account Convertibility? *Essays in International Finance.* Princeton, NJ: Princeton University (February).

[129] Rodrik, Dani. 2008. The Real Exchange Rate and Economic Growth. *Brookings Papers on Economic Activity* 2008, no. 2: 365-412.

[130] Rodrik, Dani. 2010. Making Room for China in the World Economy. *American Economic Review, Papers & Proceedings* 100, no. 2 (May): 89-91.

[131] Rodrik, Dani, and Arvind Subramanian. 2009. Why Did Financial Globalization Disappoint? *IMF Staff Papers* 56, no. 1: 112-38.

[132] Roodman, David. 2008. *A Note on the Theme of Too Many Instruments.* Working Paper 125 (May). Washington: Center for Global Development.

[133] Rothenberg, Alexander D., and Francis Warnock. 2006. *Sudden Flight and True Sudden Stops.* NBER Working Paper 12726. Cambridge, MA: National Bureau of Economic Research.

[134] Sala-i-Martin, Xavier. 1997. I Just Ran Two Million Regressions. *American Economic Review* 87, no. 2 (May): 178-83.

[135] Sala-i-Martin, Xavier, Gernot Doppelhofer, and Ronald Miller. 2004. Determinants of Long-Term Growth: A Bayesian Averaging of Classical Estimates (BACE) Approach. *American Economic Review* 94, no. 4 (September): 813-35.

[136] Schindler, Martin. 2009. Measuring Financial Integration: A New Data Set. *IMF Staff Papers* 56, no. 1: 222-38.

[137] Song, Zheng, Kjetil Storesletten, and Fabrizio Zilibotti. 2011. Growing Like China. *American Economic Review* 101, no. 1: 196-233.

[138] Strauss-Kahn, Dominique. 2011. Opening remarks at a lecture and discussion on "Towards a More Stable International Monetary System," *International Monetary Fund*, February 10, Washington.

[139] Tytell, Irina, and Shang-Jin Wei. 2004. *Does Financial Globalization Induce Better Macroeconomic Policies*? IMF Working Paper 04/84 (May). Washington: International Monetary Fund.

[140] Williamson, John. 1990. What Washington Means by Policy Reform. In *Latin American Adjustment: How Much Has Happened*? ed. John Williamson. Washington: Institute for International Economics.

[141] Williamson, John. 2000. *Exchange Rate Regimes for Emerging Markets: Reviving the Intermediate Option.* Washington: Institute for International Economics.

[142] Zee, Howell. 1999. *Retarding Short-Term Capital Inflows Through a Withholding Tax.* IMF Working Paper 00/40 (March). Washington: International Monetary Fund.

索　引

页码后的字母的含义为：*n* 表示注释，*f* 表示图形，*t* 表示表格，*b* 表示专栏。